Curriculum 4

Die Lernhilfe zum *Cursus*

Gesamtwiederholung zur Vorbereitung
auf die Lektüre

Herausgegeben
von Prof. Dr. Friedrich Maier
und Dr. Stephan Brenner

Verfasst
von Werner Thiel und Andrea Wilhelm

Oldenbourg
C.C. Buchner
Lindauer

Redaktion: Stefanie Ohmsen
Bildredaktion: Stefanie Portenhauser
Umschlagkonzept: Mendell & Oberer, München
Umschlagfotos: Umschlagvorderseite v. l. n. r.: Photo Scala, Florence/Fotografica Foglia/ Courtesy of the Ministero Beni e Att. Culturali; akg-images/Hilbich; Photo Scala, Florence/ Courtesy of the Ministero Beni e Att. Culturali.
Umschlagrückseite v. l. n. r.: Photo Scala, Florence; Deutsches Museum, München; iStockphoto.com/H. Laubel.
Technische Umsetzung: krauß-verlagsservice, Augsburg

www.oldenbourg-bsv.de
www.ccbuchner.de

1. Auflage, 1. Druck 2012

Alle Drucke dieser Auflage sind inhaltlich unverändert
und können im Unterricht nebeneinander verwendet werden.

Druck: Stürtz GmbH, Würzburg

ISBN 978-3-637-01352-0 (Oldenbourg Schulbuchverlag)
978-3-7661-5354-8 (C.C. Buchners Verlag)
978-3-87488-765-6 (J. Lindauer Verlag)

Inhalt gedruckt auf säurefreiem Papier aus nachhaltiger Forstwirtschaft.

Liebe Schülerinnen und Schüler,

Curriculum – die Lernhilfe zum Cursus ist dein **Trainingsheft für lateinische Grammatik und Übersetzung**. Es unterstützt dich dabei, Unterrichtsstoff, den du z. B. nicht gut verstanden oder versäumt hast, aufzuarbeiten, zu üben und durch Wiederholen zu sichern.

Curriculum 4 hat insgesamt 16 Kapitel: zwölf Kapitel zur Grammatikwiederholung und vier Kapitel zum Übersetzungstraining.

In den Kapitelüberschriften erfährst du, um welche Bereiche es geht:

- Bei V geht es um die Verben,
- bei N um die Nomina,
- bei S um Satzbau-Themen und
- bei ÜS um Übersetzungsstrategien.

Das Inhaltsverzeichnis zeigt dir, welche Kompetenzen du trainieren kannst.

Zu jedem Kapitel gehören

Selbsttest	– eine Seite mit Aufgaben zur Selbstüberprüfung,
Info	– eine Seite mit der Auswertung des Selbsttests und zum Informieren,
Training	– drei Seiten mit Übungen.

In den **Selbsttests** kannst du deinen Kenntnisstand überprüfen und bewerten. Sobald du die Aufgaben durchgeführt hast, vergleichst du deine Ergebnisse mit denen auf der Info-Seite. Für jede vollständig richtige Lösung rechnest du dir einen Punkt an. So kannst du dein Ergebnis deuten:

6 Punkte	Du beherrscht diesen Stoff hervorragend und bist sehr sicher darin. Die Übungen kannst du durchführen, um deine Sicherheit noch zu erhöhen.
5 Punkte	Du beherrscht diesen Stoff sehr gut und hast nur in einem Teilbereich eine Unsicherheit; prüfe, um welchen Bereich es sich handelt, und übe diesen gezielt.
4 Punkte/ 3 Punkte	Du beherrschst diesen Stoff grundlegend, hast aber auch Lücken und Unsicherheiten; lies die Erklärung und führe die Übung zu diesem Stoff durch.
2 Punkte/ 1 Punkt/ 0 Punkte	Du bist sehr unsicher in diesem Stoff. Lies sehr sorgfältig die Erklärung, überlege, welche Grundlagen dir fehlen, und führe die entsprechenden Übungen durch. Möglicherweise helfen dir auch grundlegende Übungen aus *Curriculum 1–3* weiter.

Diese Tests kannst du vor dem Training zur Selbsteinschätzung oder danach zur Überprüfung einsetzen.

Auf der **Informationsseite** erfährst du, welche Kompetenzen du überprüft hast, und findest die Lösungen zu den Tests sowie Erklärungen (▶) zu dem jeweiligen grammatischen Thema, in denen kurz und kompakt das Wichtigste dazu dargestellt ist. In dem rechts abgebildeten Kreis kannst du das jeweilige Thema nach deiner Auswertung und Bearbeitung „abhaken".

Die folgenden **Trainingsseiten** bieten gezieltes Übungsmaterial zu den jeweiligen Kompetenzen an, die auf der Info-Seite genannt sind; die Zuordnung erkennst du an der Nummerierung.

In vier **Abschlusstests** ( ) zu den Grammatikkapiteln kannst du deinen erreichten Kenntnisstand überprüfen. Die **Lösungen** zu allen Übungsseiten und Abschlusstests sind hinten im *Curriculum* abgedruckt. Am Ende findest du außerdem ein **Eigennamen- und Wortschatzverzeichnis** mit allen in diesem Heft verwendeten Wörtern sowie eine **Übersicht über die Begriffe der Grammatik** mit Erklärungen. Wenn du ausführlichere Erläuterungen zur Grammatik brauchst, sieh in deiner Grammatik nach.

Wir wünschen dir **viel Erfolg** mit *Curriculum*!

Verfasser, Herausgeber und Verlag

Punkte

1 **Markiere den Präsensstamm dieser Verben und nenne ihre Konjugation.**

audio ______ rogabat ______ dicunt ______

videtis ______ facimus ______ mittam ______ (___/6)

2 **Bestimme die Person und den Numerus.**

audimus ___ rogabant ___ dicitis ___ viderat ___ facio ___ mittam ___ (___/6)

3 **Unterstreiche die Verbformen im Präsens Aktiv.**

amant – legerat – scripsit – servamus – plenus – puto – movit – colit – servabuntur – dies – castrorum – ducis – pepuli – summus – cognoscitis – cito – missi eramus (___/6)

4 **Unterstreiche die Verbformen im Imperfekt Aktiv.**

habebant – legit – prohibemus – putamus – vitam – parabam – timuit – colebat – servam – laudabatis – vixerat – pepulisti – manebant – cognoverant – quaerebas (___/6)

5 **Unterstreiche die Verbformen im Futur I Aktiv.**

legis – iubebo – movetis – faciet – servabimus – manebas – movimus – iudices – tradimus – iubemus – existimabunt – audies – intellegitis – legam – habetis – cives (___/6)

6 **Nenne den Perfektstamm dieser Verben.**

audio ______ vocabat ______ dixisti ______

videramus ______ facitis ______ mittes ______ (___/6)

7 **Bestimme die Person und den Numerus.**

audivimus ___ rogaverunt ___ dixit ___ vidistis ___ feci ___ misisti ___ (___/6)

8 **Unterstreiche die Verbformen im Plusquamperfekt Aktiv.**

amaverant – legerat – tradideram – narramus – vocabam – movit – legis – credimus – fugam – vocaverunt – temporum – posueramus – pepuleras – summus – cognoveratis (___/6)

9 **Unterstreiche die Verbformen im Futur II Aktiv.**

iussisti – rogavero – stamus – rebus – interfecerit – pugnaverint – socios – miseritis – sumis – vicerimus – audivit – postulavi – generis – victoriis – inveneris – periculis (___/6)

10 **Übersetze die lateinischen Verbformen ins Deutsche.**

audimus ______ rogabant ______

dixistis ______ viderat ______

capio ______ scribes ______ (___/6)

Punkte

1 Markiere den Präsensstamm dieser Verben und nenne ihre Konjugation.

amaris ________ tenebamur ________ dicitur ________

condentur ________ rapimini ________ audior ________ (___/6)

2 Bestimme die Person und den Numerus.

capimur ________ rogabantur ________ timeris ________

audiemini ________ narratur ________ vincor ________ (___/6)

3 Unterstreiche die Verbformen im Präsens Passiv.

amantur – legerat – dixisti – servamur – homini – vocor – movit – sumus – narrabam – inveniris – mortis – temporibus – prohibemini – curritis – valeo – legitur – incipient (___/6)

4 Unterstreiche die Verbformen im Imperfekt Passiv.

timebatur – legitur – orabaris – rogabamur – scelera – servabitur – traduntur – manebat – colebantur – ducebar – tenebamini – ordinis – tenebat – habetur – urbes – eramus (___/6)

5 Unterstreiche die Verbformen im Futur I Passiv.

pacis – audiemini – relinqueris – servamur – laboris – monebas – monti – placebit – cogar – nuntiabitur – consulibus – agri – rogabuntur – capietur – cognosces (___/6)

6 Unterstreiche die Verbformen im Perfekt Passiv.

bonum est – missa sum – auditum est – servamini – victi sumus – cogeris – interfecti sunt – vocatus es – cives sunt – incipiuntur – patri sunt – rogabantur – relictae estis (___/6)

7 Unterstreiche die Verbformen im Plusquamperfekt Passiv.

superati erant – interrogatum erat – servatus est – victus eram – tibi erat – rogabatur – magna erat – colueramus – defensae eramus – pulsus eras – amica erat – auditi eratis (___/6)

8 Unterstreiche die Verbformen im Futur II Passiv.

coacti sunt – captus ero – laudaverimus – laeti erunt – rapta erat – rogabitur – amati erunt – missi eritis – auditae erimus – postulamus – servatus eris – fuerim – factum erit (___/6)

9 Übersetze die Verbformen.

ductae sumus ________________

audiebantur ________________

rogaris ________________

missi estis ________________

laudabitur ________________

responsum erat ________________ (___/6)

Punkte

1 Unterstreiche die Verbformen im Konjunktiv:
A. Präsens B. Imperfekt C. Perfekt D. Plusquamperfekt

A. amo – legat – scripsit – servemur – putabo – moveat – faciant – audiatur – dicet – sum – laudatur – pepulit – sumimus – cognoscatis – vivent – movent – putat – essemus (___/6)

B. scripsi – conderetur – vincere – legebamus – curreres – senties – dies – pararentur – duxerit – peterem – sumam – acciperemur – faceretis – operis – habebant – simus (___/6)

C. posuistis – prohibemus – cupiverant – generis – coluerimus – sceleris – vixerit – traditum sit – pepulisti – cognoverim – quaesiti sint – rogavi – moverem – habueris (___/6)

D. gesserat – miseris – egissemus – timuisse – capta esses – putes – negavissetis – naves – intellexisset – vidissem – victi essent – pepulistis – constituerent – cognovisse – sis (___/6)

2 Konjunktivische Hauptsätze: Übersetze.

1. Utinam inveniatur! ______
2. Vivamus! ______
3. Ne dubitaveris! ______
4. Quid agamus? ______
5. Finem bello faciant! ______
6. Quis id neget? ______ (___/6)

3 Konjunktivische Gliedsätze: Übersetze.

1. Spero, ut cito veniant. ______
2. Accidit, ut nemo servaretur. ______
3. Vos defendo, ne capiamini! ______
4. Timui, ne discederetis. ______
5. Audivi, quid dixisses. ______
6. Nescio, cur id fecerit. ______ (___/6)

4 Konjunktivische Gliedsätze: Übersetze.

1. Cum captus esses, fugi. ______
2. Cum adveniretis, gaudebamus. ______
3. Cum me oraveris, non taceo. ______
4. Cum libros legas, multa discis. ______
5. Si te amaret, tibi scriberet. ______
6. Nisi me defendisses, captus essem. ______

______ (___/6)

Punkte

1 Unterstreiche die Imperativ-Formen.

consistite – fugere – equite – mitti – sume – vocate – senti – civi – tempore – die – deinde – dic – principe – ducibus – nocte – tenete – certe – monte – breve – parte (___/6)

2 Übersetze die Imperativ-Formen ins Deutsche.

audite ____________ spectate ____________ veni ____________

tene ____________ dic ____________ cogite ____________ (___/6)

3 Unterstreiche die Infinitive Präsens Aktiv und Passiv.

haberi – legis – prohibe – putate – vivere – parabam – timuit – genere – nave – time – mulieri – serva – laudabatis – vinci – pepuli – mansi – agri – servari – iubere – imperare (___/6)

4 Unterstreiche die Infinitive Perfekt Aktiv, Perfekt Passiv und Futur Aktiv.

legissem – iussisse – vocatas esse – servos – magnum esse – movisse – tradidi – scripturum esse – pulcher esse – positum esse – stetisses – servaturos esse (___/6)

5 Übersetze die Sätze.

1. Legere possum. ____________________
2. Rogare licet. ____________________
3. Vultisne timeri? ____________________
4. Cogi nolunt. ____________________
5. Placet cum amicis ludere. ____________________
6. Iuvat amicos convenisse. ____________________ (___/6)

6 Streiche die Wörter weg, die kein Partizip Präsens Aktiv (PPA) sind.

mentes – dicentes – fugientes – clementes – audientes – nescientibus – orantibus – hominibus – gerentibus – gentibus – rogans – petens – mons – pons – capiens (___/6)

7 Streiche die Wörter weg, die kein Partizip Perfekt Passiv (PPP) sind.

traditi – capti – animi – gestis – victi – loci – captum – missa – mota – culta – iura – bella – cognitis – dominis – inventa – servatas – datis – equitis – actis (___/6)

8 Streiche die Wörter weg, die kein Partizip Futur Aktiv (PFA) sind.

dominos – facturos – recepturos – missuros – populos – opera – relictam – futura – positura – cultura – tempora – rogaturi – nuntiaturi – exercitui – scripturae – inventuri (___/6)

9 Übersetze die Partizipien mit dem deutschen Partizip I bzw. II.

amans ____________ amatus ____________

movens ____________ motus ____________

audiens ____________ auditus ____________ (___/6)

Punkte

1 Unterstreiche die Verbformen von esse.

sumus – fuerat – errat – essemus – fuerunt – summus – eram – erimus – emit – sumo (___/6)

2 Markiere Stamm und Person-Zeichen und übersetze die Formen von posse.

potestis ______ potuisti ______

possunt ______ poteramus ______

poterunt ______ potueram ______ (___/6)

3 Unterstreiche die Verbformen von ire.

ibitis – id – idem – eos – eamus – ibi – istis – iremus – est – ira – istius – ibant – ierat (___/6)

4 Zerlege die Formen der Komposita von ire in ihre Bestandteile und übersetze.

abibant ______ exiit ______

inibo ______ transierant ______

perit ______ reditis ______ (___/6)

5 Unterstreiche die Verbformen von velle und nolle.

voco – voces – vocabis – velut – volui – vis – volvo – vincemus – vellem – vultus – nolebas – navium – navigant – negabis – nolueram – voluisset – nullius – novas (___/6)

6 Unterstreiche die Verbformen von ferre.

tulit – ferremus – ferrum – fert – forte – fere – latum esse – laetus – fertis – tulissent (___/6)

7 Markiere in den Formen der Komposita von ferre die Stämme und übersetze.

confert ______ rettulerant ______

aufers ______ sustulimus ______

referebant ______ intuli ______ (___/6)

8 Markiere die Formen der Deponentien (Dep.) und Semideponentien (S-Dep.).

arbitrantur – relictus erat – tradebantur – usus est – plenus est – vocari – credidi – loqui – ausus erat – eramus – pulsi sunt – sequebantur – gavisa est – audiebat – pulsus erat (___/6)

9 Übersetze die Verbformen.

profecti sunt ______

conditur ______

locuta erat ______

solitus sum ______

utebantur ______

relictae estis ______ (___/6)

Punkte

1 Nenne die Deklination dieser Substantive.

annus ____ dies ____ oppidum ____ domus ____ victor ____ terra ____ (___/6)

2 Unterstreiche alle Substantivformen im Nominativ Plural.

filia – civitas – homines – movi – signum – provinciae – socius – pater – longi – tempus – consilium – miles – exempla – res – populus – opera – memoria – manus – labor (___/6)

3 Unterstreiche alle Substantivformen im Genitiv Singular.

iudices – filiorum – vidi – homini – cives – domini – oppidi – consilia – amicae – patri – flumen – fidei – regum – senatus – populos – consulis – pulchri – laboribus – adventum (___/6)

4 Unterstreiche alle Substantivformen im Genitiv Plural.

deorum – pueri – militum – dominum – studium – terrarum – adventum – magnorum – exercituum – amicas – patris – rerum – diei – senatum – corporis – civium – auxilium (___/6)

5 Unterstreiche alle Substantivformen im Dativ Singular.

filiae – puero – ego – magnitudo – fidei – montem – adventus – pericula – ratio – amicis – socii – mulieri – mitto – dies – senatui – provincias – nominis – urbi – principe (___/6)

6 Unterstreiche alle Substantivformen im Dativ Plural.

oculus – consulibus – vitae – legis – equitibus – hostis – provinciis – montes – adventu – exercitibus – amico – socios – dierum – rebus – tempore – patri – pedis – longis – viris (___/6)

7 Unterstreiche alle Substantivformen im Akkusativ Singular.

matrem – victores – spem – oppidum – nomine – laboribus – senatui – sententias – rem – militum – filii – adventum – consulum – rerum – mittam – temporum – equum – deorum (___/6)

8 Unterstreiche alle Substantivformen im Akkusativ Plural.

navis – amicos – socius – miles – hostes – senatum – magnas – copias – exercitus – agas – civitas – natura – exempla – equitum – sententiam – virtus – res – officium – mens (___/6)

9 Unterstreiche alle Substantivformen im Ablativ Singular.

oppidum – anno – dolor – pace – periculis – homo – fama – verba – usu – spe – oratio – iniuriam – legio – patribus – manibus – iudex – tempora – nomen – multitudine – oro (___/6)

10 Unterstreiche alle Substantivformen im Ablativ Plural.

libertas – ducibus – montes – principis – mittis – oppidis – memoriam – manibus – spes – diebus – luce – iniuriam – liberos – sententiis – matris – mulier – oculis – acies – regis (___/6)

11 Bestimme die Substantivformen nach Kasus und Numerus.

fratrem ______________ hominum ______________ filiae ______________

periculis ______________ regi ______________ iudices ______________ (___/6)

Punkte

1 Unterstreiche alle Adjektive.

vita – multitudinem – viva – fortis – agas – libertas – clarus – oculus – video – metus – arma – fides – acies – asper – victoris – partes – tristis – cura – iudex – gratia – infelix (__/6)

2 Sortiere die Adjektive den Deklinationsklassen zu.

a-/o-Deklination: ____________________

Kons. Deklination: ____________________

felix – brevis – celer – miser – altus – fortis (__/6)

3 Setze das in KNG-Kongruenz passende Adjektiv zum entsprechenden Substantiv.

exemplum ________ oratione ________ curas ________

domum ________ montibus ________ iudici ________

privatam – bonum – mittis – altis – brevium – mirus – clara – graves – iusto – longi – agi (__/6)

4 Unterstreiche die Adjektive im Komparativ.

certiorem – legionem – cupidi – oculorum – tristiores – fides – moveor – dolor – minor – egregius – melius – miles – longius – equitatus – miserioribus – incredibilis – locorum (__/6)

5 Unterstreiche die Adjektive im Superlativ.

dominus – antiquus – difficillimus – facilis – actos – pulcherrimam – pecuniam – optimo – honorum – altissimi – auxilium – maximum – humano – clementissimos – videmini (__/6)

6 Übersetze die Sätze.

1. Mons Aetna altus est; 2. montes Alpes autem altiores sunt. ____________________

3. Consul homo nobilissimus est; 4. pater consulis omnium nobilissimus est. ____________________

5. Consilium senatoris utile est; 6. etiam consilium equitis utilius est. ____________________ (__/6)

7 Markiere die Adverbien und übersetze die Sätze.

1. Equus novus celeriter currit, 2. celerius currit quam omnes equi. ____________________

3. Laudaris, quod bene loqueris; 4. alii autem pessime loquuntur. ____________________

5. Milites fortius pugnant, 6. sed fortissime imperator pugnat. ____________________ (__/6)

Punkte

Unterhaltung zwischen Sklaven

Afer: Salvete! Estisne servi novi, quos dominus hodie emit?
Flavus: Ita est. Dominus Macer nos in foro emit et in villam suam misit.
Afer: Quibus ex terris venitis?
Flavus: Patria mea Germania est, eum autem ex Asia venisse credo. Mihi nomen est Flavus: Et tu, quo nomine vocaris? Quem dominum habemus? Quae fortuna servos hic exspectat?
Afer: In terra, in qua natus sum, Juba vocatus sum, sed in hac domo omnes, qui hic vivunt, Afrum me vocant. Sed cur amicus tuus non respondit, cur pro eo loqueris, nonne ipse loqui potest?
Flavus: Nomen eius nescio. Narra de domino nostro!
Afer: Dominus clemens est, saepe servis aliquid pecuniae dat. Domina autem, quam nemo amat, nuper servum caesit. Is enim cum filiis locutus est, cum magister eorum non venisset. Saepe dominam domino dicere audio: „Quidam homines domini nati sunt, quosdam homines servos natos esse constat. Quis neget?“ Sed ille respondit: „Eadem mors omnes exspectat.“ Et iam rogavit: „Serve, quid de libertate cogitas?“ Itaque non sine aliqua spe sum. Fuit tempus quoddam, cum liber fui, et aliquo tempore liber ero.
Flavus: Id verum esse puto. Vita hominis, quem servum esse fortuna coegit, misera est, sed vita servi, qui spem libertatis non iam habet, miserior est.

1 **Notiere die Personal-Pronomina und übersetze sie.**

________ ________ ________ ________ ________ ________

________ ________ ________ ________ ________ ________ (___/6)

2 **Notiere die Possessiv-Pronomina und übersetze sie.**

________ ________ ________ ________ ________ ________

________ ________ ________ ________ ________ ________ (___/6)

3 **Notiere die Demonstrativ-Pronomina und übersetze sie.**

________ ________ ________ ________ ________ ________

________ ________ ________ ________ ________ ________ (___/6)

4 **Notiere die Relativ-Pronomina und übersetze sie.**

________ ________ ________ ________ ________ ________

________ ________ ________ ________ ________ ________ (___/6)

5 **Notiere die Interrogativ-Pronomina und übersetze sie.**

________ ________ ________ ________ ________ ________

________ ________ ________ ________ ________ ________ (___/6)

6 **Notiere die Indefinit-Pronomina und übersetze sie.**

________ ________ ________ ________ ________ ________

________ ________ ________ ________ ________ ________ (___/6)

Punkte

1 Unterstreiche die Verben, von denen ein AcI abhängen kann.

habere – pellere – dicere – audire – defendere – scribere – ire – polliceri – pugnare – ducere – facere – amare – vincere – sentire – emere – timere – stare – putare – currere (___/6)

2 Entscheide, ob eine Infinitiv-Konstruktion, ein AcI oder ein NcI vorliegt.

1. Rex crudelis fuisse dicitur. ____
2. Rex nuntium ab iis missum esse scit. ____
3. Rex verba nuntii audire noluit. ____
4. Caesar Cleopatram amavisse videtur. ____
5. Non placet a civibus timeri. ____
6. Ciceronem Catilinam ex urbe pepulisse traditum est. ____ (___/6)

3 Markiere Subjektsakkusativ und Prädikatsinfinitiv und setze eine Klammer um den AcI. Gib dann das Zeitverhältnis in den Sätzen an.

1. Pater servos in foro esse cognovit. ____
2. Nuntii rettulerunt urbem ab hostibus deletam esse. ____
3. Vos hodie Romam proficisci nemo nobis nuntiavit. ____
4. Romulum urbi nomen dedisse traditum est. ____
5. Consul se orationem ante senatum habiturum esse vocat. ____
6. Imperator exercitum Romanorum ab hostibus pelli vidit. ____ (___/6)

4 Übersetze die Sätze aus 3.

1. ____
2. ____
3. ____
4. ____
5. ____
6. ____ (___/6)

5 Markiere Nominativ und Infinitiv des NcI und übersetze die Sätze.

1. Frater tuus in Asia fuisse dicitur. ____
2. Signum ab imperatore dari videbatur. ____

____

3. Hostes oppidum aggredi feruntur. ____

____ (___/6)

Punkte

1 Markiere die in KNG und Sinn passenden Substantive und Partizipien.

viros legato amicae uxores exercitus arma | tradita dicenti victos pulsi veniente legentes (___/6)

2 Unterstreiche Partizip und Bezugswort, übersetze als Attribut oder mit Relativsatz.

1. Patres iura scripta diu negaverunt. ______
2. Filiae Sabinorum viros pugnantes oraverunt: „Finite pugnam!“ ______
3. Nuntii ab hostibus missi auditi non sunt. ______ (___/6)

3 Unterstreiche Partizip und Bezugswort, übersetze mit Adverbialsatz.

1. Latinus rex Aeneam in Latium venientem libenter accepit. ______
2. Flavia et Galla a piratis abductae tamen Romam redierunt. ______
3. Filiae Sabinorum bellum metuentes patres virosque monuerunt. ______ (___/6)

4 Unterstreiche Partizip und Bezugswort, übersetze mit Beiordnung.

1. Catilina ex urbe effugiens socios suos in urbe reliquit. ______
2. Nuntii subito Romam profecti post multas horas ad urbem venerunt. ______
3. Oppidum a viris defensum ab hostibus capi non poterat. ______ (___/6)

5 Unterstreiche Partizip und Bezugswort, übersetze mit präpositionaler Verbindung.

1. Tarquinius ex urbe pulsus ad Etruscos fugit. ______
2. Hostes urbem petentes templa deleverunt. ______
3. Oppidum ab hostibus deletum ab hominibus relictum non est. ______ (___/6)

Punkte

1 Markiere die in KNG und Sinn passenden Substantive und Partizipien.

rege matre armis amicis re urbe | relicta datis scientibus nuntiata occiso vivente (___/6)

2 Unterstreiche das Partizip im Ablativ und sein Bezugswort, setze die Klammer um den Abl. abs. und übersetze mit Adverbialsatz.

1. Piratis Flaviam abducentibus Quintus cum amicis in foro sedet. ______________________

2. Amico a deis e periculo servato nos omnes felicissimi erant. ______________________

3. Hostibus flumen transire audentibus milites nostri se non receperunt. ______________________ (___/6)

3 Unterstreiche das Partizip im Ablativ und sein Bezugswort, setze die Klammer um den Abl. abs. und übersetze mit Beiordnung.

1. Senatoribus in senatum convocatis populus orationem consulis audivit. ______________________

2. Patre in urbem redeunte frater in Graeciam profectus est. ______________________

3. Hominibus ex oppido deleto fugientibus hostes templa incenderunt. ______________________ (___/6)

4 Unterstreiche das Partizip im Ablativ und sein Bezugswort, setze die Klammer um den Abl. abs. und übersetze mit präpositionaler Verbindung.

1. Armis traditis pax facta est. ______________________

2. Hostibus urbem aggredientibus homines deos oraverunt. ______________________

3. Oppido vi expugnato nemo interfectus est. ______________________ (___/6)

5 Setze die Klammer um den nominalen Abl. abs. und übersetze.

1. Caesare mortuo bellum ortum est. ______________________

2. Cicerone consule urbs Roma in periculo fuit. ______________________

3. Parentibus vivis Romam reliqui. ______________________ (___/6)

Punkte

1 Unterstreiche das Gerundium und übersetze die Sätze.

1. Parati sumus ad pugnandum. ____________________
2. Nunc tempus redeundi est. ____________________
3. Legendo prudentes estis. ____________________
4. Spes hostes vincendi est. ____________________
5. Milites hortando imperator hostes vicit. ____________________
____
6. Nuntii ad id cognoscendum veniunt. ____________________ (___/6)

2 Unterstreiche das Gerundivum-V und sein Bezugswort und übersetze die Sätze.

1. Rex exercitum ad oppidum expugnandum misit. ____________________
____
2. Fratres consilium urbis condendae capiunt. ____________________
____
3. In fabulis audiendis liberi laeti sunt. ____________________
4. Quid de re publica bene gerenda cognovisti? ____________________
____
5. Quis idoneus est ad cives hortandos? ____________________
6. Germani bellis in Galliam inferendis Gallos arcere studebant. ____________________
____________________ (___/6)

3 Unterstreiche das Gerundivum-N und übersetze die Sätze.

1. Dei colendi sunt. ____________________
2. Inter omnes constat amicum e periculo servandum esse. ____________________
____
3. Superandi non sumus, amici. ____________________
4. Tacendum erat. ____________________
5. Militibus imperia consulis facienda sunt. ____________________
____
6. Mihi urbs relinquenda non est. ____________________ (___/6)

Ich kann …

1 … den Präsensstamm und die Konjugation eines Verbs erkennen. ○

audi-: i-Konj.; roga-: a-Konj.; dic-: Kons. Konj.; vide-: e-Konj.; faci-: Kurzvok. i-Konj.; mitt-: Kons. Konj.

▶ Präsensstamm: Infinitiv ohne Endung -(e)re — roga-re → roga-; mitt-e-re → mitt-
Kurzvok. i-Konj.: Infinitiv ohne -e-re + -i- — fac-e-re → faci-
Konjugation: letzter Buchstabe des Stammes — vide → e-Konj.; mitt → Kons. Konj.
Unterscheide: audire, audio → i-Konj. ↔ facere, facio → Kurzvok. i-Konj.

2 … die Person-Zeichen im Aktiv erkennen. ○

audimus: 1. Pl. – rogabant: 3. Pl. – dicitis: 2. Pl. – viderat: 3. Sg. – facio: 1. Sg. – mittam: 1. Sg.

▶ Person-Zeichen: -o/-m, -s, -t, -mus, -tis, -nt — O-S-T-MUS-TIS-NT

3 … Verbformen im Präsens Aktiv erkennen. ○

amant – servamus – puto – colit – ducis – cognoscitis

▶ Präsensstamm (+ *Sprechvokal*) + Person-Zeichen
amo, amas, amat, amamus, amatis, amant
lego, leg*i*s, leg*i*t, leg*i*mus, leg*i*tis, leg*u*nt

4 … Verbformen im Imperfekt Aktiv erkennen. ○

habebant – parabam – colebat – laudabatis – manebant – quaerebas

▶ Präsensstamm + Tempus-Zeichen -(e)ba- + Person-Zeichen — „Im-BA-fekt"

5 … Verbformen im Futur I Aktiv erkennen. ○

iubebo – faciet – servabimus – existimabunt – audies – legam

▶ a-/e-Konjugation:
Präsensstamm + Tempus-Zeichen -b- (+ Sprechvokal) + Person-Zeichen — „bo-bi-bu-Futur"
Sprechvokale: 2. P. Sg. bis 2. P. Pl.: -i-/3. P. Pl.: -u-
i-/Kons./Kurzvok. i-Konjugation: — „Kameeeeel-Futur"
Präsensstamm + Tempus-Zeichen -a- (1. P. Sg.)/-e- + Person-Zeichen

6 … den Perfektstamm eines Verbs erkennen. ○

audiv-, vocav-, dix-, vid-, fec-, mis-

▶ Perfektstamm: 1. P. Sg. Perf. ohne Person-Zeichen -i-
mittere, mitto, mis-i, missum → Perfektstamm: mis-

7 … die Person-Zeichen im Perfekt Aktiv erkennen. ○

audivimus: 1. Pl. – rogaverunt: 3. Pl. – dixit: 3. Sg. – vidistis: 2. Pl. – feci: 1. Sg. – misisti: 2. Sg.

▶ Perfektstamm + Person-Zeichen (-i, -isti, -it, -imus, -istis, -erunt) — eigene Person-Zeichen
dixi, dixisti, dixit, diximus, dixistis, dixerunt

8 … Verbformen im Plusquamperfekt Aktiv erkennen. ○

amaverant – legerat – tradideram – posueramus – pepuleras – cognoveratis

▶ Perfektstamm + Tempus-Zeichen -era- + Person-Zeichen — -era-
miseram, miseras, miserat, miseramus, miseratis, miserant

9 … Verbformen im Futur II Aktiv erkennen. ○

rogavero – interfecerit – pugnaverint – miseritis – vicerimus – inveneris

▶ Perfektstamm + Tempus-Zeichen -eri- + Person-Zeichen — -eri-
rogavero, rogaveris, rogaverit, rogaverimus, rogaveritis, rogaverint

10 … lateinische Verbformen im Indikativ Aktiv übersetzen. ○

wir hören – sie fragten – ihr habt gesagt – er/sie/es hatte gesehen – ich nehme – du wirst schreiben

▶
Präs.:	audio – ich höre	Perf.:	audivi – ich habe gehört
Imperf.:	audiebam – ich hörte	Plqupf.:	audiveram – ich hatte gehört
Fut. I:	audiam – ich werde hören	Fut. II:	audivero – ich werde gehört haben

1 **Notiere den Infinitiv und die 1. Person Singular Präsens. Ermittle so den Präsensstamm.**

nuntiant ______ currimus ______

ducebat ______ audiverunt ______

capitis ______ legunt ______

2 **a Nenne die Person-Zeichen des Präsensstammes im Aktiv.**

1. Sg.	2. Sg.	3. Sg.	1. Pl.	2. Pl.	3. Pl.

b Bestimme Person und Numerus und schreibe das deutsche Personal-Pronomen dazu.

emimus ______ putant ______ gero ______

exspectabitis ______ ponit ______ debebam ______

fugiam ______ feceras ______ nuntiabis ______

3 **Unterstreiche alle Verbformen im Präsens Aktiv und zerlege sie in ihre Bestandteile.**

homo – dicimus – navis – times – facio – montes – ratio – mittunt – ponit – amatis

4 **a Markiere in den folgenden Formen das Tempus-Zeichen für Imperfekt.**

defendebamus – servabam – fugiebatis – habebat – agebant – debebas – nesciebant

b Übersetze die Imperfekt-Formen mit deutschem Präteritum.

debebamus ______ stabat ______

respondebas ______ accipiebam ______

credebant ______ putabatis ______

5 **a Markiere das Tempus-Zeichen für Futur I (a- und e-Konjugation).**

putabit – tenebitis – occupabunt – nuntiabimus – sustinebo – respondebis – exspectabo

b Markiere das Tempus-Zeichen für Futur I (i-Konj., Kons. Konj. und Kurzvok. i-Konjugation).

dices – condemus – audient – mittam – capietis – perveniam – facient – sentiet

c Unterscheide, ob das Zeichen -e- Präsens (e-Konjugation) oder Futur I (i-, Kons. und Kurzvok. i-Konjugation) anzeigt. Notiere den Infinitiv, die 1. Person Singular Präsens und übersetze.

rides *ridere, rideo → e-Konj. → Präsens: du lachst*

habemus ______

scribetis ______

facietis ______

pellent ______

d Schreibe alle Futur I-Formen heraus, markiere die Zeichen und übersetze.
videbo – orabit – senties – sustines – credebam – reddam – manebimus – iubet – leget

____

____

____

e Übersetze die Futur I-Formen mit deutschem Futur I.

nuntiabit ____________ respondebunt ____________

audietis ____________ mittent ____________

habebis ____________ putabo ____________

dicam ____________ cupies ____________

quaeremus ____________ recipiam ____________

6 Notiere die Stammformen dieser Verben und ermittle so den Perfektstamm.

sumere, *sumo, sumpsi, sumptum → sumps-*

invenire, ____________

habere, ____________

relinquere, ____________

dare, ____________

cupere, ____________

7 a Nenne die Person-Zeichen im Perfekt Aktiv.

1. Sg.	2. Sg.	3. Sg.	1. Pl.	2. Pl.	3. Pl.

b Bestimme Person und Numerus und schreibe das deutsche Personal-Pronomen dazu.

misi ____________ moverunt ____________ iussistis ____________

duximus ____________ exspectavit ____________ tenuit ____________

c Schreibe die Perfekt-Formen heraus und übersetze sie.
oppugnaverunt – mansi – nuntiabam – ponit – cognovimus – coluistis – emunt – movent

____

____

____

8 **Schreibe die Plusquamperfekt-Formen heraus, markiere das Tempus-Zeichen und übersetze.**

quaerebat – amiseratis – pugnavimus – reliquerant – legam – moverat – cucurreram

9 **Schreibe die Futur II-Formen heraus, markiere das Tempus-Zeichen und übersetze.**

senseram – scripserit – manebat – duxerunt – viderimus – cognoveris – emero – vocabo

10 **Übersetze die Verbformen.**

Präsens: scribimus, rogas, audio

Imperfekt: timebam, consistebant, putabat

Futur I: manebis, vivent, traham

Perfekt: misistis, tradiderunt, cognovi

Plusquamperfekt: dixeramus, rogaverat, videram

Futur II: senserit, reliquerint, laudavero

Ich kann ...

1 ... den Präsensstamm und die Konjugation eines Verbs erkennen. ◯

ama-: a-Konj.; tene-: e-Konj.; dic-: Kons. Konj.; cond-: Kons. Konj.; rapi-: Kurzvok. i-Konj.; audi-: i-Konj.

▶ Präsensstamm: Infinitiv ohne Endung -(e)re — ama-re → ama-; cond-e-re → cond-
Kurzvok. i-Konj.: Infinitiv ohne -e-re + -i- — rap-e-re → rapi-
Konjugation: letzter Buchstabe des Stammes — tene → e-Konj.; mitt → Kons. Konj.
Unterscheide: finire, finio → i-Konj. ↔ rapere, rapio → Kurzvok. i-Konj.

2 ... die Person-Zeichen im Passiv erkennen. ◯

capimur: 1. Pl. – rogabantur: 3. Pl. – timeris: 2. Sg. – audiemini: 2. Pl. – narratur: 3. Sg. – vincor: 1. Sg.

▶ Person-Zeichen: -or/-r, -ris, -tur, -mur, -mini, -ntur

3 ... Verbformen im Präsens Passiv erkennen. ◯

amantur – servamur – vocor – inveniris – prohibemini – legitur

▶ Präsensstamm (+ *Sprechvokal*) + Person-Zeichen
amor, amaris, amatur, amamur, amamini, amantur
mittor, mitteris, mitt*i*tur, mitt*i*mur, mitt*i*mini, mitt*u*ntur

4 ... Verbformen im Imperfekt Passiv erkennen. ◯

timebatur – orabaris – rogabamur – colebantur – ducebar – tenebamini

▶ Präsensstamm + Tempus-Zeichen -(e)ba- + Person-Zeichen — „Im-BA-fekt"

5 ... Verbformen im Futur I Passiv erkennen. ◯

audiemini – relinqueris – cogar – nuntiabitur – rogabuntur – capietur

▶ a-/e-Konjugation: — „bo-bi-bu-Futur"
Präsensstamm + Tempus-Zeichen -b- (+ Sprechvokal) + Person-Zeichen
Sprechvokale: 2. P. Sg. bis 2. P. Pl.: -i-/3. P. Pl.: -u-
i-/Kons./Kurzvok. i-Konjugation: — „Kameeeeel-Futur"
Präsensstamm + Tempus-Zeichen -a- (1. P. Sg.)/-e- + Person-Zeichen

6 ... Verbformen im Perfekt Passiv erkennen. ◯

missa sum – auditum est – victi sumus – interfecti sunt – vocatus es – relictae estis

▶ PPP und Präsens von esse
auditus sum, auditus es, auditus est, auditi sumus, auditi estis, auditi sunt

7 ... Verbformen im Plusquamperfekt Passiv erkennen. ◯

superati erant – interrogatum erat – victus eram – defensae eramus – pulsus eras – auditi eratis

▶ PPP und Imperfekt von esse
auditus eram, auditus eras, auditus erat, auditi eramus, auditi eratis, auditi erant

8 ... Verbformen im Futur II Passiv erkennen. ◯

captus ero – amati erunt – missi eritis – auditae erimus – servatus eris – factum erit

▶ PPP und Futur I von esse
auditus ero, auditus eris, auditus erit, auditi erimus, auditi eritis, auditi erunt

9 ... lateinische Verbformen im Indikativ Passiv übersetzen. ◯

wir sind geführt worden – sie wurden gehört – du wirst gefragt – ihr seid geschickt worden – er/sie/es wird gelobt werden – es war geantwortet worden

▶

Präs.:	audior – ich werde gehört	Perf.:	audita sum – ich bin gehört worden
Imperf.:	audiebar – ich wurde gehört	Plqupf.:	audita eram – ich war gehört worden
Fut. I:	audiar – ich werde gehört werden	Fut. II:	audita ero – ich werde gehört worden sein

1 **Notiere den Infinitiv und die 1. Person Singular Präsens. Ermittle so den Präsensstamm.**

nuntiatur ______________________ movebuntur ______________________

trahimur ______________________ laudabaris ______________________

audiuntur ______________________ capiemini ______________________

2 **a Nenne die Person-Zeichen im Passiv.**

1. Sg.	2. Sg.	3. Sg.	1. Pl.	2. Pl.	3. Pl.

b Bestimme Person und Numerus und schreibe das deutsche Personal-Pronomen dazu.

rogantur ____________ vocor ____________ ponitur ____________

exspectabimini ____________ amaris ____________ laudabamur ____________

3 **Unterstreiche alle Verbformen im Präsens Passiv und zerlege sie in ihre Bestandteile.**

ducetur – finis – teneris – rapior – temporis – labor – mittimur – ponuntur – amamini

4 **a Markiere in den folgenden Formen das Tempus-Zeichen für Imperfekt.**

defendebamini – servabaris – cogebamur – postulabatur – agebantur – interrogabar

b Übersetze die Imperfekt-Formen mit deutschem Präteritum.

nuntiabatur ______________________ amabaris ______________________

laudabantur ______________________ defendebamur ______________________

5 **a Markiere das Tempus-Zeichen für Futur I (a- und e-Konjugation).**

rogabitur – tenebimini – occupabuntur – servabor – timebimur – movebitur – laudaberis

b Markiere das Tempus-Zeichen für Futur I (i-, Kons. und Kurzvok. i-Konjugation).

duceris – condetur – audientur – mittar – capiemini – trahemur – cogar – invenietur

c Markiere das Tempus-Zeichen für Futur I und übersetze die Verbformen.

nuntiabitur ______________________ servabimini ______________________

mittemur ______________________ vincentur ______________________

rogabuntur ______________________ ducar ______________________

d Unterscheide, ob das Zeichen -e- Präsens (e-Konjugation) oder Futur I (i-, Kons. und Kurzvok. i-Konjugation) anzeigt. Notiere den Infinitiv, die 1. Person Singular Präsens und übersetze.

timeris *timere, timeo → e-Konj. → Präsens: du wirst gefürchtet*

movemur

cogemini

tenetur

defendentur

prohibemur

e Schreibe alle Futur I-Formen heraus, markiere die Zeichen und übersetze.

rogabor – orabitur – tenetur – ponebantur – audieris – ducar – relinquitur – timeor – trahentur

6 Bestimme die Person der Perfekt-Passiv-Formen und übersetze.

missus sum

moti sunt

ducta est

laudati sumus

coactus es

7 Bestimme die Person der Plusquamperfekt-Passiv-Formen und übersetze.

missus eram

servatus eras

parata erant

ducti eratis

laudati eramus

scriptum erat

8 **Bestimme die Person der Futur II-Passiv-Formen und übersetze.**

missus ero ______

servati eritis ______

auditae erunt ______

rogatus eris ______

relicti erimus ______

9 **Übersetze die Verbformen.**

Präsens: quaerimur, rogaris, mittor

______

Imperfekt: timebamini, cogebantur, orabaris

______

Futur I: movebuntur, vincemur, trahetur

______

Perfekt: inventi estis, tradita sunt, vocata sum

______

Plusquamperfekt: victi eramus, missus erat, relicta eras

______

Futur II: auditae eritis, servatus eris, laudati erimus

______

1–9 **Bestimme die Passiv-Formen und übersetze.**

quaerimur ______

moti erant ______

rogabitur ______

nuntiatum est ______

prohibebantur ______

vinceris ______

interrogatus sum ______

relinquimini ______

coacti sunt ______

Ich kann …

1 … die Verbformen im Konjunktiv erkennen.

A. Präsens: legat – servemur – moveat – faciant – audiatur – cognoscatis

▶ Präsensstamm + Modus-Zeichen -a-/-e- (bei a-Konj.) + Person-Zeichen Aktiv/Passiv
tenere teneam, teneas, teneat, teneamus, teneatis, teneant/
tenear, tenearis, teneatur, teneamur, teneamini, teneantur
rogare rogem, roges, roget, rogemus, rogetis, rogent/
roger, rogeris, rogetur, rogemur, rogemini, rogentur

B. Imperfekt: conderetur – curreres – pararentur – peterem – acciperemur – faceretis

▶ Präsensstamm + Modus-Zeichen -re- + Person-Zeichen Aktiv/Passiv
rogarem, rogares, rogaret, rogaremus, rogaretis, rogarent
rogarer, rogareris, rogaretur, rogaremur, rogaremini, rogarentur
„Inf. Präs. + Person-Zeichen"

C. Perfekt: coluerimus – vixerit – traditum sit – cognoverim – quaesiti sint – habueris

▶ Aktiv: Perfektstamm + Modus-Zeichen -eri- + Person-Zeichen
rogaverim, rogaveris, rogaverit, rogaverimus, rogaveritis, rogaverint
Passiv: PPP und Konjunktiv Präsens von esse
rogatus sim, rogatus sis, rogatus sit, rogati simus, rogati sitis, rogati sint

D. Plusquamperfekt: egissemus – capta esses – negavissetis – intellexisset – vidissem – victi essent

▶ Aktiv: Perfektstamm + Modus-Zeichen -isse- + Person-Zeichen
„Inf. Perf. + Person-Zeichen"
rogavissem, rogavisses, rogavisset, rogavissemus, rogavissetis, rogavissent
Passiv: PPP und Konjunktiv Imperfekt von esse
rogatus essem, rogatus esses, rogatus esset, rogati essemus, rogati essetis, rogati essent

2 … konjunktivische Hauptsätze übersetzen.

1. Hoffentlich wird er/sie/es gefunden. 2. Lasst uns leben! 3. Zweifle nicht! 4. Was sollen wir machen? 5. Sie sollen den Krieg beenden (dem Krieg ein Ende machen)! 6. Wer dürfte das verweigern?

▶ 1. Wunsch (Optativ) 2. Aufforderung an 1. Person Plural (Hortativ) 3. Verbot (Prohibitiv)
4. Überlegung (Deliberativ) 5. Befehl an 3. Person (Iussiv) 6. Möglichkeit (Potentialis)

3 … konjunktivische Gliedsätze (ut-/ne-Sätze, indirekte Fragesätze) übersetzen.

1. Ich hoffe, dass sie schnell kommen. 2. Es ereignete sich, dass niemand gerettet wurde. 3. Ich verteidige euch, damit ihr nicht gefangen werdet! 4. Ich habe befürchtet, dass ihr weggeht. 5. Ich habe gehört, was du gesagt hattest. 6. Ich weiß nicht, warum er/sie das getan hat.

▶ Begehrsatz: dass (ut) (Satz 1)/dass nicht (ne); nach Verben des Fürchtens: ne = dass (Satz 4)
Konsekutivsatz: sodass (ut)/sodass nicht (ut non) (Satz 2)
Im Dt. kein Konjunktiv!
Finalsatz: damit (ut)/damit nicht (ne) (Satz 3)

indirekter Fragesatz (Satz 5, 6)

4 … konjunktivische Gliedsätze (cum-Sätze, Irrealis) übersetzen.

1. Als du gefangen worden warst, bin ich geflohen. 2. Als ihr ankamt, freuten wir uns. 3. Obwohl du mich darum gebeten hast, schweige ich nicht. 4. Weil du Bücher liest, lernst du viel. 5. Wenn er dich lieben würde, würde er dir schreiben. 6. Wenn du mich nicht verteidigt hättest, wäre ich gefangen worden.

▶ cum
Im Dt. kein Konjunktiv!
temporal: als, nachdem (gleichzeitig: Satz 2; vorzeitig: Satz 1)
kausal: weil, da (Satz 4)
konzessiv: obwohl (Satz 3)
si/nisi
Im Dt. auch Konjunktiv!
konditional: wenn/wenn nicht
Irrealis der Gegenwart (Konj. Imperf.: Satz 5)
Irrealis der Vergangenheit (Konj. Plqupf.: Satz 6)

1 A **a Markiere bei folgenden Verbformen das Modus-Zeichen für Konjunktiv Präsens.**

rapiat – videamus – dubites – credatis – fugiam – iubeant – postulemus – iudicent – condas

b Setze die Verbformen vom Indikativ Präsens in den Konjunktiv Präsens.

laudamus *lauda + e + mus → laudemus* ______ audit ______

ducimur ______ movetis ______

capio ______ nuntiatur ______

nesciunt ______ prohibemini ______

c Ergänze Infinitiv, 1. Person Singular, Konjugation und bestimme Modus und Tempus.

Verbform	Infinitiv	1. Sg.	Konjugation	Modus/Tempus
tenetis				
audient				
fugies				
discedet				
spectemus				
vocentur				

1 B **a Unterstreiche in den Konjunktiv-Imperfekt-Formen den Infinitiv Präsens.**

defenderent – ageretur – teneris – deberet – dicentur – constituerunt – haberes – servarent – debent – cives – starem – fidem – homines – cogeres – videretur – scripseris – mitterer

b Bilde die angegebene Form im Konjunktiv Imperfekt.

nuntiare: 3. Sg. Pass. ______ audire: 2. Sg. Akt. ______

iubere: 3. Pl. Akt. ______ defendere: 1. Sg. Pass. ______

stare: 3. Pl. Akt. ______ facere: 2. Pl. Akt. ______

1 C **a Markiere bei den Verbformen das Modus-Zeichen für Konjunktiv Perfekt Aktiv.**

receperis – viderint – servaverim – cucurrerimus – legeritis – gesserit – timuerimus – egerit

b Bilde für diese Verben die 3. Person Singular im Konjunktiv Perfekt Aktiv.

vivere *vix-eri-t* ______ debere ______ petere ______

tradere ______ venire ______ ponere ______

c Trage die Formen von esse im Konjunktiv Präsens ein.

1. Sg.	2. Sg.	3. Sg.	1. Pl.	2. Pl.	3. Pl.

d Übersetze die Perfekt-Passiv-Formen und setze sie vom Indikativ in den Konjunktiv.

rogati sunt *sie sind gefragt worden* → *rogati sint*

ductae estis ______ → ______

laudati sumus ______ → ______

victa es ______ → ______

captus sum ______ → ______

1 D a Markiere das Zeichen für Konjunktiv Plusquamperfekt Aktiv.

cepisses – vicissent – occupavissem – cucurrissemus – duxissetis – sumpsisset – iussissem

b Bilde für diese Verben die 3. Person Plural im Konjunktiv Plusquamperfekt Aktiv.

vivere *vix-isse-nt* habere ______ cupere ______

stare ______ colere ______ interficere ______

c Trage die Formen von esse im Konjunktiv Imperfekt ein.

1. Sg.	2. Sg.	3. Sg.	1. Pl.	2. Pl.	3. Pl.

d Übersetze die Plusquamperfekt-Passiv-Formen und setze sie vom Indikativ in den Konjunktiv.

rogati erant *sie waren gefragt worden* → *rogati essent*

servatus eras ______ → ______

missae eramus ______ → ______

interfecti erant ______ → ______

2 Nenne die Sinnrichtung, die beim Konjunktiv im Hauptsatz vorliegt, und übersetze.

1. Librum legamus! ______
2. Nuntii respondeant! ______
3. Aliquis veniat. ______
4. Ne amicos reliqueritis! ______
5. (Utinam) spectacula incipiant! ______
6. Quid respondeam? ______
7. Oremus! ______
8. Ne id feceris! ______

3 **a Bestimme die Sinnrichtung des Gliedsatzes und übersetze.**

1. Amicos oro, ut me defendant.

2. Equus tam celeriter currit, ut nemo eum capere possit.

3. Homines urbem relinquunt, ne ab hostibus capiantur.

4. Romani deos colebant, ut ii auxilium darent.

b Markiere das Fragewort und übersetze.

1. Nescio, cur epistulam non scripseris.

2. Dicite, quid sciatis.

3. Amicum interrogavimus, quas urbes cognovisset.

4 **a Bestimme die Sinnrichtung des Gliedsatzes und übersetze.**

1. Cum homines hostes viderent, statim fugerunt.

2. Cum equus tam celeriter curreret, captus non est.

3. Serva, cum bene laboravisset, laudata non est.

b Achte auf die Zeitverhältnisse und übersetze.

1. Si hostes urbem cepissent, templa delevissent.

2. Servus, si bene laboraret, laudaretur.

3. Nisi amicum defendissem, captus esset.

Ich kann ...

1 ... die Imperativ-Formen erkennen.

consistite – sume – vocate – senti – dic – tenete

Imperativ Sg.:	a-/e-/i-Konj.:	Präsensstamm	voca! move! audi!
	Kons./Kurzvok. i-Konj.:	Präsensstamm + -e	mitte! cape!
	unregelmäßig:		es! dic! duc! fac! fer!
Imperativ Pl.:	Präsensstamm (+ Sprechvokal *-i*) + -te		vocate! duc*i*te! capite!

2 ... die Imperativ-Formen ins Deutsche übersetzen.

Hört! – Schaut! – Komm! – Halte! – Sag! – Zwingt!

Imperativ = Befehlsform an eine Person	Sg.: Geh!
oder an mehrere Personen	Pl.: Geht!

3 ... die Infinitive Präsens Aktiv und Passiv erkennen.

haberi – vivere – vinci – servari – iubere – imperare

Inf. Präs. Aktiv:	a-/e-/i-Konj:	Präsensstamm + -re	vocare, movere, audire
	Kons./Kurzvok. i-Konj.:	Präsensstamm + *-e*-re	mittere, capere
Inf. Präs. Passiv:	a-/e-/i-Konj:	Präsensstamm + -ri	vocari, moveri, audiri
	Kons./Kurzvok. i-Konj.:	Präsensstamm + -i	mitti, capi

4 ... die Infinitive Perfekt Aktiv, Perfekt Passiv und Futur Aktiv erkennen.

iussisse – vocatas esse – movisse – scripturum esse – positum esse – servaturos esse

Infinitiv Perfekt Aktiv:	Perfektstamm + -isse	vocavisse
Infinitiv Perfekt Passiv:	Partizip Perfekt Passiv (PPP) und esse	vocatum, -am, -um esse
Infinitiv Futur Aktiv:	Partizip Futur Aktiv (PFA) und esse	vocaturum, -am, -um esse

5 ... Infinitive in Sätzen übersetzen.

1. Ich kann lesen. 2. Man darf/Es ist erlaubt, zu fragen. 3. Wollt ihr gefürchtet werden? 4. Sie wollen nicht gezwungen werden. 5. Es macht Spaß, mit Freunden zu spielen. 6. Es macht Freude, die Freunde getroffen zu haben.

Präsens:	vocare – rufen	vocari – gerufen werden
Perfekt:	vocavisse – gerufen haben	vocatum, -am, -um esse – gerufen worden sein
Futur:	vocaturum, -am, -um esse – rufen werden	

6 ... das Partizip Präsens Aktiv (PPA) erkennen.

dicentes – fugientes – audientes – nescientibus – orantibus – gerentibus – rogans – petens – capiens

Präsensstamm (+ *Sprechvokal*) + -ns, -ntis: Nom., Gen. Sg. m./f./n. (Kons. Dekl.)
vocans, vocantis – movens, moventis – audiens, audientis – mittens, mittentis – capiens, capientis

7 ... das Partizip Perfekt Passiv (PPP) erkennen.

traditi – capti – gestis – victi – captum – missa – mota – culta – cognitis – inventa – servatas – datis – actis

letzte Form der Stammformen: Nom. Sg. m., f., n. (a-/o-Dekl.)
vocatus, -a, -um; motus, -a, -um; auditus, -a, -um; missus, -a, -um; captus, -a, -um

8 ... das Partizip Futur Aktiv (PFA) erkennen.

facturos – recepturos – missuros – futura – positura – cultura – rogaturi – nuntiaturi – scripturae – inventuri

Wortstamm des PPP + -ur- + -us, -a, -um: Nom. Sg. m., f., n. (a-/o-Dekl.)
vocaturus, -a, -um; moturus, -a, -um; auditurus, -a, -um; lecturus, -a, -um; capturus, -a, -um

9 ... die Partizipien mit dem deutschen Partizip I bzw. II übersetzen.

liebend – geliebt – bewegend – bewegt – hörend – gehört

Partizipien können wie Adjektive (der geliebte Freund) oder Substantive (der Geliebte) verwendet sein, sind aber auch oft Teil einer Partizipialkonstruktion (s. Kap. S 2 und 3).
PPA = Partizip I im Deutschen – lesend PPP = Partizip II im Deutschen – gelesen

1 **a Unterstreiche die Imperative.**

trahe – nave – equite – domine – die – gente – fine – finite – milite – cive – senti – postula

b Ermittle den Präsensstamm, bilde den Imperativ Singular und Plural und übersetze.

	Präsensstamm	Imperativ Singular		Imperativ Plural	
nuntiare, nuntio	*nuntia-*	*nuntia!*	*melde!*	*nuntiate!*	*meldet!*
manere, maneo					
vivere, vivo					
venire, venio					
capere, capio					

2 **Unterstreiche in den Sätzen jeweils den Imperativ und übersetze.**

1. Ex urbe fugite! __________
2. Audi me, dea! __________
3. Hostes vincite! __________
4. Equum in urbem trahite! __________
5. Castra defende! __________

3 **Markiere die Infinitive und das Merkmal für den Infinitiv Präsens Aktiv bzw. Passiv.**

homine – dicere – navis – timeri – facite – montes – vinci – rationes – scelere – poni – tenui – serva – accipi – servare – fratri – audiri – parari – iura – credere – mentibus – videre – stare

4 **a Markiere die Infinitive und das Merkmal für den Infinitiv Perfekt Aktiv.**

defendisse – servavisse – contendissem – fugisse – felicissime – fuisse – celerrime – egisse

b Trage die Stammformen und den Perfektstamm ein und bilde den Infinitiv Perfekt Aktiv.

Inf. Präs. Akt.	Stammformen	Perfektstamm	Inf. Perf. Akt.
colere			
dicere			
laudare			
iubere			
pervenire			

c Trage die Stammformen ein und bilde den Infinitiv Perfekt Passiv.

Inf. Präs. Akt.	Stammformen	Inf. Perf. Pass. (PPP + esse)
agere		
scribere		
premere		
servare		
videre		

d Markiere die Infinitive und das Merkmal für den Infinitiv Futur Aktiv.

narraturos esse – beatissimum esse – traditura esse – interfecturos esse – vocatas esse

e Ergänze die Stammformen und bilde den Infinitiv Futur Aktiv.

Inf. Präs. Akt.	Stammformen	Stamm des PPP + -ur-	Inf. Fut. Akt.
facere	*facio, feci, factum*	*fact-ur-*	*facturum esse*
condere			
prohibere			
eripere			
reperire			

5 Unterstreiche in den Sätzen jeweils den Infinitiv und übersetze.

1. Milites timeri volunt. __________
2. Victum esse non iuvat. __________
3. Verum dixisse placet. __________
4. Ab amicis relinqui nolo. __________

6 Schreibe die PPA heraus, nenne die Grundform (Nom., Gen. Sg.) und den Infinitiv.

mentibus – recipientes – hostes – dicentes – coactus – petentes – legentibus – dante – misso

recipientes	*recipiens, recipientis*	*recipere*

7 **Schreibe die PPP heraus, nenne die Grundform (Nom. Sg. m., f., n.) und den Infinitiv.**

traditam – viros – acto – scripsit – subito – rogati – dicente – sensum – datum – legentibus

traditam	traditus, -a, -um	tradere

8 **Schreibe die PFA heraus, nenne die Grundform (Nom. Sg. m., f., n.) und den Infinitiv.**

fugituros – manus – missurum – hostibus – venturum – civium – capturos – dicturum

fugituros	fugiturus, -a, -um	fugere

6–8 **Schreibe die Partizipien heraus, entscheide, ob PPA, PPP oder PFA, und bestimme.**

missis – cupite – ordinis – legere – moventes – mentis – coactum – rogaturos – timentibus – interrogaturi – tenete – iudice – patre – vivent – quaerentur

missis	PPP von mittere	Dat./Abl. Pl. m./f./n.

9 **Übersetze wörtlich: PPA mit Partizip I, PPP mit Partizip II im Deutschen.**

raptus	____________	cupiens	____________	amans	____________
auditum	____________	tenens	____________	nuntiatum	____________
orans	____________	sentiens	____________	positus	____________

Ich kann …

1 … die Verbformen von esse erkennen.

sumus – fuerat – essemus – fuerunt – eram – erimus

▶ Präsens Ind.: sum, es, est, sumus, estis, sunt — Konj.: sim, sis, sit, simus, sitis, sint
Imperfekt Ind.: eram, eras, erat usw. — Konj.: essem, esses, esset usw.
Futur I: ero, eris, erit, erimus, eritis, erunt — Perfektstamm: fu-

2 … die Formen von posse erkennen und übersetzen.

potest*is* – ihr könnt; potu*isti* – du hast gekonnt; pos*sunt* – sie können; poter*amus* – wir konnten; poteru*nt* – sie werden können; potuer*am* – ich hatte gekonnt

▶ Stammformen: posse, possum, potui
Präsensstamm: pot-/pos- + Formen von esse — Perfektstamm: potu-

3 … die Verbformen von ire erkennen.

ibitis – eamus – istis – iremus – ibant – ierat

▶ Stammformen: ire, eo, ii, itum — Präsensstamm: i- — Perfektstamm: i-
Sonderkonj.: Präs. Ind.: eo, is, it, imus, itis, eunt/Konj.: eam, eas, eat usw.
Perf. Ind.: 2. Sg. isti, 2. Pl. istis; Inf.: isse

4 … die Formen der Komposita von ire erkennen und übersetzen.

ab-i|ba|nt – sie gingen weg; ex-i|it – er/sie ist hinausgegangen; in-i|b|o – ich werde hineingehen; trans-i|era|nt – sie waren hinübergegangen; per-i|t – er/sie/es geht zugrunde; red-i|tis – ihr geht zurück

▶ Komposita: Präfix + Formen von ire — ex-ire, in-ire
Ableitung der Grundbedeutung aus Präfix: ex = (her)aus → ex + ire – herausgehen

5 … die Verbformen von velle und nolle erkennen.

volui – vis – vellem – nolebas – nolueram – voluisset

▶ Stammformen: velle, volo, volui/nolle, nolo, nolui
Präsensstamm: vol-/nol- — Perfektstamm: volu-/nolu-
Sonderkonj.: Präs. Ind.: volo, vis, vult, volumus, vultis, volunt/Konj.: velim, velis usw.
nolo, non vis, non vult, nolumus, non vultis, nolunt/nolim, nolis usw.

6 … die Verbformen von ferre erkennen.

tulit – ferremus – fert – latum esse – fertis – tulissent

▶ Stammformen: ferre, fero, tuli, latum — Präsensstamm: fer- — Perfektstamm: tul-
Sonderkonj.: Ind. Präs.: fero, fers, fert, ferimus, fertis, ferunt

7 … die Formen der Komposita von ferre erkennen und übersetzen.

confert – er/sie trägt zusammen; rettulerant – sie hatten berichtet; aufers – du bringst weg; sustulimus – wir haben hochgehoben; referebant – sie berichteten; intuli – ich habe hineingebracht

▶ Komposita: Präfix + Formen von ferre — in-ferre, re-ferre
Ableitung der Grundbedeutung aus Präfix: re = zurück → re + ferre – zurückbringen;
oft auch übertragene Bedeutungen: referre – berichten

8 … die Verbformen der Deponentien und Semideponentien erkennen.

Dep.: arbitrantur – usus est – loqui – sequebantur; S-Dep.: ausus erat – gavisa est

▶ Deponens: passive Formen, aber aktive Bedeutung — loqui, loquor, locutus sum
Semideponens: immer aktive Bedeutung; 2 Erscheinungsformen:
– Formen im Präsensstamm aktiv, im Perfektstamm passiv — audere, audeo, ausus sum
– Formen im Präsensstamm passiv, im Perfektstamm aktiv — reverti, revertor, reverti, reversus

9 … die Verbformen übersetzen.

sie sind aufgebrochen (Dep.) – er/sie/es wird gegründet – sie hatte gesprochen (Dep.) – ich bin gewohnt gewesen (S-Dep.) – sie benutzten (Dep.) – ihr seid verlassen worden

▶ Deponens oder Semi-Deponens? → Rückführung auf die Lernform

1 **Sortiere die folgenden Formen von esse in die Tabelle ein und ergänze die fehlenden Formen.**

eratis – sis – erit – essem – ero – es – fuisti – fuerat – fuisses – fuero – fuerim

	Präsens		**Imperfekt**		**Futur I**
	Indikativ	Konjunktiv	Indikativ	Konjunktiv	
1. Sg.					
2. Sg.					
3. Sg.					
1. Pl.					
2. Pl.					
3. Pl.					

	Perfekt		**Plusquamperfekt**		**Futur II**
	Indikativ	Konjunktiv	Indikativ	Konjunktiv	
1. Sg.					
2. Sg.					
3. Sg.					
1. Pl.					
2. Pl.					
3. Pl.					

2 **a Markiere den Verbstamm der Formen von posse und übersetze sie.**

potuistis ______________________ possunt ______________________

poterat ______________________ potuimus ______________________

possum ______________________ potueratis ______________________

b Unterstreiche alle Formen von posse im Konjunktiv.

posses – potes – possimus – potuissem – possum – potuerim – potueras – possit – potueratis

3 **a Sortiere die Formen von ire in das entsprechende Kästchen ein.**

is – iimus – imus – istis – ierunt – eo – it – ii – eunt – isti – itis – iit

	1. Sg.	**2. Sg.**	**3. Sg.**	**1. Pl.**	**2. Pl.**	**3. Pl.**
Präs.						
Perf.						

b Sortiere die Formen von ire in das entsprechende Kästchen ein.
iret – fuit – ieramus – eum – ieritis – eant – iter – ierim – isset – ibimus – ita – eorum – ibant

Indikativ				Konjunktiv			
Imperf.	Fut. I	Plqupf.	Fut. II	Präs.	Imperf.	Perf.	Plqupf.

4 **a Unterstreiche bei diesen Komposita das Präfix und notiere die Grundbedeutung(en).**

exire ____________________ transire ____________________

perire ____________________ redire ____________________

inire ____________________ abire ____________________

b Bestimme das Tempus der Form des Kompositums von ire und übersetze.

exibant ____________________ peris ____________________

inibimus ____________________ transierant ____________________

redistis ____________________ initum est ____________________

5 **a Sortiere die Formen von velle und nolle in das entsprechende Kästchen ein. Eine Form fehlt – welche?**
vis – vultis – nolunt – non vultis – volo – non vult – nolumus – volunt – non vis – nolo – vult

Präs.	1. Sg.	2. Sg.	3. Sg.	1. Pl.	2. Pl.	3. Pl.
velle						
nolle						

b Zerlege die Indikativ-Formen von velle/nolle in ihre Bestandteile und übersetze.

	Präsens-stamm	Perfektstamm	Tempus-/ Modus-Zeichen	Person-Zeichen	Übersetzung
voluisti	–	*volu-*	–	*isti*	*du hast gewollt*
noluerant					
volebamus					
voletis					
noluit					

c Unterstreiche alle Formen von velle und nolle im Konjunktiv.
voluerim – voles – noluistis – vellem – nolit – volueram – nolemus – velint – nolles – noluisset

6 **a In der Konjugation fehlt jeweils eine Form; ergänze sie.**

Ind. Präs. Akt.: fert – ferimus – ferunt – fero – fertis → ____________________

Ind. Plqupf. Akt.: tuleras – tulerat – tuleramus – tuleratis – tulerant → ____________________

Ind. Perf. Pass.: latus es – latus est – lati sunt – lati estis – latus sum → ____________________

Fut. I Pass.: feretur – feremur – ferar – ferentur – fereris → ____________________

b Unterstreiche alle Formen von ferre im Konjunktiv.

ferebamus – ferrentur – tulit – tulerimus – feras – feretur – tulissem – lati essent – fers – tulero

7 **a Unterstreiche bei den Komposita das Präfix und notiere die Grundbedeutung(en).**

differre ____________________ conferre ____________________

referre ____________________ efferre ____________________

inferre ____________________ afferre ____________________

b Bestimme und übersetze folgende Formen.

rettulit ____________________ ____________________

differtur ____________________ ____________________

illatum est ____________________ ____________________

conferetis ____________________ ____________________

8–9 **Deponens (D), Semideponens (SD) oder „normales Verb" (V)? Trage die Stammformen ein und übersetze.**

	Stammformen	?	Übersetzung
arbitratus est	*arbitrari, arbitror, arbitratus sum*	*D*	*er hat geglaubt*
movebantur			
sequebantur			
locuti sumus			
relicti sunt			
ausus eras			
pollicebor			
profectus est			
conabatur			
soliti erant			
cogitur			

Ich kann ...

1 ... die Deklination eines Substantivs erkennen.

annus: o-Dekl. – dies: e-Dekl. – oppidum: o-Dekl. – domus: u-Dekl. – victor: Kons. Dekl. – terra: a-Dekl.

▶ Die Deklination eines Substantivs erkennt man an der Kombination Nom. Sg., Gen. Sg.

a-Dekl.	o-Dekl.	Kons. Dekl.	u-Dekl.	e-Dekl.
-a, -ae	-us, -i (m.)/-um, -i (n.)	(–), -is	-us, -us	-es, -ei

2 ... den Nominativ Plural eines Substantivs erkennen.

homines – provinciae – exempla – res – opera – manus

-ae	-i (m.)/-a (n.)	-es (m./f.)/-(i)a (n.)	-us	-es

3 ... den Genitiv Singular eines Substantivs erkennen.

domini – oppidi – amicae – fidei – senatus – consulis

-ae	-i	-is	-us	-ei

4 ... den Genitiv Plural eines Substantivs erkennen.

deorum – militum – terrarum – exercituum – rerum – civium

-arum	-orum	-(i)um	-uum	-erum

5 ... den Dativ Singular eines Substantivs erkennen.

filiae – puero – fidei – mulieri – senatui – urbi

-ae	-o	-i	-ui	-ei

6 ... den Dativ Plural eines Substantivs erkennen.

consulibus – equitibus – provinciis – exercitibus – rebus – viris

-is	-is	-ibus	-ibus	-ebus

7 ... den Akkusativ Singular eines Substantivs erkennen.

matrem – spem – oppidum – rem – adventum – equum

-am	-um	-em/-im (m./f.)/ = Nom. Sg. (n.)	-um	-em

8 ... den Akkusativ Plural eines Substantivs erkennen.

amicos – hostes – copias – exercitus – exempla – res

-as	-os (m.)/-a (n.)	-es (m./f.)/-(i)a (n.)	-us	-es

9 ... den Ablativ Singular eines Substantivs erkennen.

anno – pace – fama – usu – spe – multitudine

-a	-o	-e/-i	-u	-e

10 ... den Ablativ Plural eines Substantivs erkennen.

ducibus – oppidis – manibus – diebus – sententiis – oculis

-is	-is	-ibus	-ibus	-ebus

11 ... lateinische Substantivformen nach Kasus und Numerus bestimmen.

fratrem: Akk. Sg. – hominum: Gen. Pl. – filiae: Gen./Dat. Sg./Nom. Pl. – periculis: Dat./Abl. Pl. – regi: Dat. Sg. – iudices: Nom./Akk. Pl.

▶ Mehrdeutige Endungen: z. B. -i → Rückführung auf die Lernform: Nom. Sg., Gen. Sg.

pueri	→	puer, pueri (o-Dekl.)	→	Gen. Sg./Nom. Pl.
regi	→	rex, regis (Kons. Dekl.)	→	Dat. Sg.
diei	→	dies, diei (e-Dekl.)	→	Gen./Dat. Sg.

1 **a Nenne die fünf Deklinationen.**

___ Dekl.	___ Dekl.		___ Dekl.		___ Dekl.	___ Dekl.
f.	m.	n.	m./f.	n.	m.	f.

b Ordne die Substantive ihrer Deklination in der Tabelle bei a zu.

signum, -i – mons, montis – spes, spei – iniuria, -ae – annus, -i – metus, -us – tempus, -oris – cura, -ae – casus, -us – bellum, -i – ius, iuris – iudex, -icis – deus, dei – dies, diei

c Gib zu den Substantiven die Lernform (Nom., Gen. Sg.) und die Deklination an.

deo *deus, dei (o-Dekl.)* ducibus ______

fines ______ navium ______

pericula ______ famae ______

principe ______ rebus ______

auxilio ______ militem ______

fidem ______ corpora ______

senatum ______ impetu ______

2 **a Unterstreiche alle Substantive, die im Nominativ Plural stehen.**

proeliis – viderunt – tempora – victoriae – egi – copias – equitibus – longi – agri – res – regi – sententia – nocte – cives – montes – miles – exercitus – populus – corpus – aciei – templa

b Bilde von den Substantiven den Nominativ Plural.

verbum ______ princeps ______ deus ______ vir ______

res ______ lacrima ______ manus ______ corpus ______

3 **a Unterstreiche alle Substantive, die im Genitiv Singular stehen.**

ordinis – vidi – modo – pueri – impetus – consiliis – frumenti – servas – magni – filius – fugae – periculorum – rei – montis – exemplis – exercitui – populi – patri – tempus – usus – iuris

b Bilde von den Substantiven den Genitiv Singular.

filia ______ eques ______ dies ______ mos ______

flumen ______ gens ______ adventus ______ animus ______

4 **a Unterstreiche alle Substantive, die im Genitiv Plural stehen.**

officiis – capitum – curas – patrum – manuum – locorum – amor – servarum – temporum – periculorum – rem – montium – numerum – exercitum – dierum – filiarum – fatum – magnorum

b Bilde von den Substantiven den Genitiv Plural.

res ______ homo ______ oppidum ______

filia ______ corpus ______ casus ______

5 **a Unterstreiche alle Substantive, die im Dativ Singular stehen.**

duci – operam – magno – caelo – praesidio – consulis – opus – memoriae – servas – casui – spei – veni – exemplo – homo – iudici – verbi – modi – usui – filii – fugae – aetas – do – socio

b Bilde von den Substantiven den Dativ Singular.

acies ______ caput ______ bellum ______ pax ______

vir ______ senatus ______ patria ______ annus ______

6 **a Unterstreiche alle Substantive, die im Dativ Plural stehen.**

manibus – iniuriis – scelera – magnitudo – urbibus – populis – frater – equites – diebus – deis – agis – rerum – ducis – armis – ignis – genus – temporibus – virtus – exercitibus – iuris

b Bilde von den Substantiven den Dativ Plural.

manus ______ pes ______ res ______ crimen ______

signum ______ uxor ______ amicus ______ regio ______

7 **a Unterstreiche alle Substantive, die im Akkusativ Singular stehen.**

hostes – curam – caelo – videam – aedibus – locum – potestatem – lacrimis – civibus – spe – rei – mensem – hominum – aciem – exercituum – populos – corporis – causam – opem

b Bilde von den Substantiven den Akkusativ Singular.

ager ______ nomen ______ imperium ______ fama ______

impetus ______ religio ______ fides ______ annus ______

8 **a Unterstreiche alle Substantive, die im Akkusativ Plural stehen.**

servos – res – longos – modi – pacem – tempora – legatos – fines – suppliciis – cives – miles – sententia – rei – montis – castra – provincia – auditos – deas – senex – exercitus – acies – pes

b Bilde von den Substantiven den Akkusativ Plural.

oppidum ________ lex ________ dea ________ puer ________

dies ________ terra ________ opus ________ exercitus ________

9 **a Unterstreiche alle Substantive, die im Ablativ Singular stehen.**

pace – fatum – ago – vitam – loco – oratione – studia – iudicibus – curae – casu – regi – mitte – uxore – amici – exercitu – anno – multitudo – usui – scelere – dicere – itinere – spe – pede

b Bilde von den Substantiven den Ablativ Singular.

pars ________ sententia ________ imperium ________ manus ________

res ________ mors ________ equus ________ tempus ________

10 **a Unterstreiche alle Substantive, die im Ablativ Plural stehen.**

homines – oculis – iudicibus – venistis – manibus – consilia – magnitudinem – civis – silvas – periculo – rebus – criminis – exemplis – provinciis – patri – temporibus – facinus – pulchris

b Bilde von den Substantiven den Ablativ Plural.

nox ________ iudicium ________ laus ________ dux ________

victoria ________ impetus ________ res ________ mos ________

11 **Bestimme die Substantive und gib dabei alle Möglichkeiten an.**

libertatis ________ gloriae ________

equi ________ legionibus ________

impetu ________ partem ________

senatus ________ civibus ________

homini ________ provincias ________

militum ________ flumina ________

honores ________ diei ________

fidem ________ imperium ________

exempli ________ puero ________

Ich kann …

1 … Adjektive erkennen.

viva – fortis – clarus – asper – tristis – infelix

▶ Adjektive erkennt man an ihrer Lernform Nom. Sg. (m., f., n.): vivus, -a, -um; fortis, fortis, forte

2 … die Deklinationsklasse eines Adjektivs erkennen.

a-/o-Deklination: miser, altus – Kons. Deklination: felix, brevis, celer, fortis

▶ a-/o-Deklination:
-us, -a, -um/-er, -era, -erum — altus, -a, -um/miser, misera, miserum

Konsonantische Deklination:
einendig: für m./f./n. nur eine Form im Nom. Sg. — felix (m./f./n.), Gen. felicis
zweiendig: je eine Form für m./f. und für n. im Nom. Sg. — brevis (m./f.), breve (n.)
dreiendig: für m., f., n. je eine Form im Nom. Sg. — celer (m.), celeris (f.), celere (n.)

3 … zusammengehörige Substantive und Adjektive (KNG-Kongruenz) erkennen.

exemplum bonum – oratione clara – curas graves – domum privatam – montibus altis – iudici iusto

▶ Ein Adjektiv richtet sich in Kasus, Numerus und Genus nach dem Bezugswort im Satz.
Deklination der Substantive und Adjektive jeweils nach ihrer Deklination:
– gleiche Dekl. bei Subst. und Adj. → gleiche Endungen: exemplum bonum
– unterschiedliche Dekl. von Subst. und Adj. → unterschiedliche Endungen: oratione clara

4 … den Komparativ von Adjektiven erkennen.

certiorem – tristiores – minor – melius – longius – miserioribus

▶ Komparativbildung der Adjektive beider Deklinationen (Kons. Dekl.)
Wortstamm + -ior (m./f.)/-ius (n.)
altus → alt-ior/alt-ius; brevis → brev-ior/brev-ius

Sg.	altior/altius	altioris	altiori	altiorem/altius	altiore
Pl.	altiores/altiora	altiorum	altioribus	altiores/altiora	altioribus

Ausnahmen: bonus → melior/melius; parvus → minor/minus; magnus → maior/maius

5 … den Superlativ von Adjektiven erkennen.

difficillimus – pulcherrimam – optimo – altissimi – maximum – clementissimos

▶ Superlativbildung der Adjektive beider Deklinationen (a-/o-Dekl.)
Wortstamm + -issim-/-lim-/-rim- + -us/-a/-um
altus → alt-issim-us; brevis → brev-issim-us; facilis → facil-lim-us; miser → miser-rim-us
Ausnahmen: bonus → optimus; parvus → minimus; magnus → maximus

6 … Sätze mit Adjektiven übersetzen.

1. Der (Berg) Ätna ist hoch; 2. aber die (Berge) Alpen sind höher. 3. Der Konsul ist ein sehr ehrenwerter Mensch; 4. der Vater des Konsuls ist der ehrenwerteste von allen. 5. Der Rat des Senators ist nützlich; 6. auch der Rat des Ritters ist recht nützlich.

▶ – Vergleich: Übersetzung von Komparativ und Superlativ wie im Deutschen (der ältere, der älteste)
– kein Vergleich: Komparativ drückt Relativierung aus: Übersetzung mit „ziemlich/allzu";
Superlativ drückt starke Betonung aus (Elativ): Übersetzung mit „sehr/besonders"

7 … Adverbien erkennen und übersetzen.

1. celeriter – Das neue Pferd läuft schnell, 2. celerius – es läuft schneller als alle Pferde. 3. bene – Du wirst gelobt, weil du gut sprichst; 4. pessime – die anderen aber sprechen sehr schlecht. 5. fortius – Die Soldaten kämpfen recht tapfer, 6. fortissime – aber der Feldherr kämpft am tapfersten.

▶ Adverbbildung:
a-/o-Dekl.: Wortstamm + -e: long-e — Kons. Dekl.: Wortstamm + -iter: felic-iter
Ausnahmen: bonus → bene
Steigerung bei beiden Deklinationen:
Komparativ: Wortstamm + -ius: long-ius, felic-ius
Superlativ: Wortstamm + -issime: long-issime, felic-issime

1 **a Unterstreiche alle Adjektive.**

signum, -i – bonus, -a, -um – navis, -is – omnis, -e – solus, -a, -um – ingens, -ntis – ignis, -is – cura, -ae – celer, celeris, celere – vetus, veteris – deus, dei – liber, libera, liberum

b Schreibe die Grund-/Lernform auf und entscheide, welche Wortart vorliegt.

vides	*videre: Verb*	montes	______
faciles	______	rectos	______
honos	______	amas	______
ingentibus	______	militibus	______

c Unterstreiche alle Adjektivformen.

vultum – dolorem – pulchra – fortes – altos – ducibus – verba – audimus – novus – parvam – corpus – certi – rei – tanti – misero – aquam – deam – legam – fratris – sortis – similis

2 **Ordne die Adjektive einer der beiden Deklinationen zu und ergänze die Grundform.**

tuti – beatum – sacra – felicem – crudelibus – sola – reliquum – omnia – forti – pauperes

Adjektive der a-/o-Dekl.	Adjektive der Kons. Dekl.
tuti (tutus, -a, -um),	

3 **a Trage die angegebenen Adjektivformen in die entsprechende Spalte der Tabelle ein.**

reliquum – longi – ingens – difficilium – miser – pulchros – asperam – fortem – nobilis – grave

f.	m.	n.	m./f./n.	m./f.	f./n.	m./n.

b Unterstreiche die Form des Adjektivs, das mit dem Substantiv kongruiert.

curam:	magnum – magnos – magnam	diebus:	plurimis – plurimi – plurimos
consules:	multae – multi – multis	hominis:	miserae – miseris – miseri
manu:	dextro – dextri – dextra	exemplum:	crudelium – crudele – crudelem

c Unterstreiche das Adjektiv, das nach Form und Inhalt zum Substantiv passt.

noctem:	celerem – totam – medium	res:	adversi – magnas – laetos
cives:	omnes – totas – multis	victorias:	brevis – sitas – nobiles
bello:	alto – grave – crudeli	consilium:	bonum – liberum – longum

d Unterstreiche die Form des Substantivs, mit dem das Adjektiv kongruiert.

alti:	monti – montes – montium	sinistram:	manus – manibus – manum
ingentem:	exercitus – exercituum – exercitum	humanas:	res – rebus – rei
gravibus:	laboris – labores – laboribus	magna:	navis – navi – naves

e Unterstreiche das Substantiv, mit dem das Adjektiv kongruiert.

beatos:	servi – homines – victoris	miser:	vita – homo – mors
clarae:	gentis – rebus – fratri	vera:	laus – deas – legi
tristem:	caelum – civium – vitam	totam:	agmen – montem – urbem

4 a Unterstreiche die Adjektive im Komparativ.

socios – stultioris – carioribus – victores – dulciores – pulchriora – maior – uxor – minores – orationes – laboribus – amplioribus – audior – melior – felicior – longius – altius – medius

b Bilde von folgenden Adjektiven die entsprechende(n) Form(en) im Komparativ.

miseri *miserioris/miseriores* ______ dignum ______

nobilem ______ faciles ______

triste ______ clara ______

magnis ______ bonas ______

5 a Unterstreiche die Adjektive (aber nicht die Adverbien) im Superlativ.

optime – clarissima – dixisse – incredibilibus – clementissimi – ampliores – pulcherrimum – alienum – orationum – pessimus – vehementissime – honestissimis – diligentis – dedisses

b Bilde von folgenden Adjektiven die entsprechende(n) Form(en) im Superlativ.

fortes *fortissimi, -ae/-os, -as* ______ novis ______

longam ______ facilibus ______

celer ______ gravi ______

magni ______ bonos ______

6 a Markiere den Komparativ; achte darauf, ob ein Vergleich vorliegt, und übersetze.

1. Tiberis flumen magnum est, flumen Rhenus autem maius est. ______

______

2. Cave Tiberim! Aqua hodie altior est. ______

______

3. Res difficilior est. Nescio, quomodo tibi explanem. ______

______

4. Hoc templum pulchrius est quam illud. ______

b Markiere den Superlativ; achte darauf, ob ein Vergleich vorliegt, und übersetze.

1. Helena pulcherrima omnium feminarum erat. ____________________

____

2. Cicero orator clarissimus fuit. ____________________

3. Res facillima est, paucis verbis tibi explanabo. ____________________

____

4. Antiquis temporibus Roma maxima omnium urbium in orbe terrarum erat. ____________________

____

7 Markiere die Adverbien; achte auf die Form und darauf, ob ein Vergleich vorliegt, und übersetze.

1. Milites Romani acriter pugnaverunt. ____________________

____

2. Amici celerrime accurrerunt et me fortissime defenderunt. ____________________

____

3. Quis pulchrius cantabat quam Orpheus ille? ____________________

____

4. Hoc recte dixisti et hanc rem prudentius egisti. ____________________

____

5. Caesarem in hostes clementissime egisse traditum est. ____________________

____

6. Hoc amicus bene fecit, amica melius fecit, tu autem optime fecisti. ____________________

____

____

Ich kann …

1 … Personal-Pronomina erkennen und übersetzen.

nos (Akk. Pl. m.) – uns; eum … venisse (AcI) (Akk. Sg. m.) – dass er … gekommen ist; mihi (Dat. Sg. m.) – mir; tu (Nom. Sg. m.) – du; me (Akk. Sg. m.) – mich; pro eo (Abl. Sg. m.) – für ihn

▶

	1. P. Sg.	2. P. Sg.	3. P. Sg.	1. P. Pl.	2. P. Pl.	3. P. Pl
Nom.	ego	tu	is, ea, id	nos	vos	ii (ei), eae, ea
Gen.	mei	tui	eius	nostri, nostrum	vestri, vestrum	eorum (m./n.), earum
Dat.	mihi	tibi	ei	nobis	vobis	eis (iis)
Akk.	me	te	eum, eam, id	nos	vos	eos, eas, ea
Abl.	mecum	tecum	eo, ea, eo	nobiscum	vobiscum	eis (iis)

2 … Possessiv-Pronomina erkennen und übersetzen.

in suam *villam* (Akk. Sg. f.) – *in* sein *Landhaus*; *patria* mea (Nom. Sg. f.) – mein *Vaterland*; *amicus* tuus (Nom. Sg. m.) – dein *Freund*; *nomen* eius (Gen. Sg. m.) – dessen/seinen *Namen*; *de domino* nostro (Abl. Sg. m.) – *über* unseren *Herrn*; *magister* eorum (Gen. Pl. m.) – deren/ihr *Lehrer*

▶

	Singular	Plural
1. Person	meus, -a, -um – mein	noster, nostra, nostrum – unser
2. Person	tuus, -a, -um – dein	vester, vestra, vestrum – euer
3. Person (reflexiv)	suus, -a, -um – sein/ihr	suus, -a, -um – ihr
3. Person (nicht reflexiv)	eius – dessen/sein, deren/ihr	eorum, earum, eorum – deren/ihr

3 … Demonstrativ-Pronomina erkennen und übersetzen.

in hac *domo* (Abl. Sg. f.) – *in* diesem *Haus*; ipse (Nom. Sg. m.) – er selbst; is (Nom. Sg. m.) – dieser; ille (Nom. Sg. m.) – jener; eadem *mors* (Nom. Sg. f.) – derselbe *Tod*; id (Akk. Sg. n.) – dies

▶ hic, haec, hoc – dieser, diese, dieses
ille, illa, illud – jener, jene, jenes
ipse, ipsa, ipsum – (er/sie/es) selbst
is, ea, id – dieser, diese, dieses
idem, eadem, idem – derselbe, dieselbe, dasselbe

KNG-Kongruenz mit Bezugswort

4 … Relativ-Pronomina erkennen und übersetzen.

quos (Akk. Pl. m.) – die; *in* qua (Abl. Sg. f.) – *in* dem; qui (Nom. Pl. m.) – die; quam (Akk. Sg. f.) – die; quem (Akk. Sg. m.) – den; qui (Nom. Sg. m.) – der

▶ qui, quae, quod – der, die, das; welcher, welche, welches

NG-Kongruenz mit Bezugswort

Numerus und Genus richten sich nach dem Bezugswort im übergeordneten Satz, der Kasus nach der Funktion (z. B. Subjekt) im Relativsatz.

5 … Interrogativ-Pronomina erkennen und übersetzen.

quibus *ex terris* (Abl. Pl. f.) – *aus welchen* Ländern; quo *nomine* (Abl. Sg. n.) – *mit* welchem *Namen*; quem *dominum* (Akk. Sg. m.) – welchen *Herrn*; quae *fortuna* (Nom. Sg. f.) – welches *Schicksal*; quis (Nom. Sg. m./f.) – wer; quid (Akk. Sg. n.) – was

▶ substantivisch: quis/quid, cuius, cui, quem/quid, quo – wer/was, wessen, wem, wen/was, durch wen
adjektivisch = Form des Relativ-Pronomens: qui, quae, quod – welcher, welche, welches

6 … Indefinit-Pronomina erkennen und übersetzen.

aliquid *pecuniae* (Akk. Sg. n.) – etwas *Geld*; quidam *homines* (Nom. Pl. m.) – einige *Menschen*; quosdam *homines* (Akk. Pl. m.) – einige *Menschen*; *sine* aliqua *spe* (Abl. Sg. f.) – *ohne* irgendeine *Hoffnung*; quoddam *tempus* (Nom. Sg. n.) – *eine* gewisse *Zeit*; aliquo *tempore* (Abl. Sg. n.) – *zu* irgendeiner *Zeit*/*irgendwann*

▶

substantivisch:	aliquis, aliquid – irgendjemand, irgendetwas
adjektivisch:	aliqui, aliqua, aliquod – irgendeiner, irgendeine, irgendein
substantivisch:	quidam, quaedam, quiddam – ein gewisser
adjektivisch:	quidam, quaedam, quoddam – ein gewisser

1 **a Unterstreiche alle Personal-Pronomina.**

mihi – dum – re – diem – tuum – cum – vobis – noster – ei – ego – tum – deinde – te – eos – ea – deam – eram – eo – de – alio – nemo – nos – id – me – eorum – tu – sumus – iret

b Nenne das entsprechende deutsche Pronomen.

tibi ______	eum ______	nos ______	me ______
eis ______	vobis ______	id ______	nobiscum ______
ii ______	a te ______	ego ______	ea ______

2 **a Ergänze das Possessiv-Pronomen der angegebenen Person.**

frater (1. Sg.) ______	filios (2. Sg.) ______	exercituum (2. Pl.) ______
domum (1. Pl.) ______	mare (1. Pl.) ______	opus (1. Sg.) ______

b Übersetze.

pater noster ______	domus eius ______
filios suos ______	oppidum vestrum ______
patria eorum ______	libertatem vestram ______
sententia tua ______	sorores meae ______

c Markiere Personal-Pronomen und Possessiv-Pronomen jeweils unterschiedlich.

mei – me	tibi – tuos	vos – vestri	nobis – nostris
te – tuus	meis – mihi	nostro – nos	mecum – mea

d Unterstreiche das Possessiv-Pronomen und übersetze.

1. Domina equum habet. Equus eius celer est. ______

______

2. Amicus in villa sua est. Et ego in villa eius sum. ______

______

3. Homines urbem suam fortiter defenderunt, sed hostes urbem eorum expugnaverunt. ______

______

______

3 **a Markiere das Substantiv, mit dem das Demonstrativ-Pronomen kongruiert, und übersetze.**

hoc: urbem – oppidum – partem ______

ipsum: consulem – patri – fratrum ______

illius: hominibus – partis – filium ______

eorum: amicarum – templum – hominum ______

his: legis – oculis – civis ______

eadem: vita – regem – virtutis ______

b Is, ille, hic! **Bilde die entsprechende Form der anderen beiden Pronomina.**

hunc *illum, eum*	eas ______	illius ______
eis ______	illa ______	eorum ______
hae ______	eo ______	hi ______

c Bestimme Kasus, Numerus und Genus. Gib alle Möglichkeiten an.

hunc ______	ii ______	illi ______
ipso ______	harum ______	iidem ______
eam ______	illos ______	ea ______

4 **a Bilde die entsprechende Form des Relativ-Pronomens.**

eius ______	eas ______	ii ______	eis ______
hic ______	huic ______	hos ______	harum ______
illi ______	illud ______	illam ______	illo ______

b Unterstreiche das Relativ-Pronomen und sein Bezugswort und übersetze.

1. Omnes milites, qui ab hostibus capti erant, incolumes in castra redierunt. ______

2. Amici, quibus in thermis esse non placuit, Circum Maximum petunt. ______

3. Eum imperatorem, qui exercitum Carthaginiensium in Italiam duxit, Romani timuerunt. ______

4. Coriolanus in patriam, e qua a senatoribus pulsus erat, impetum fecit. ______

5. Romulus cum Remo urbem condidit, cui post mortem fratris nomen suum dedit.

6. Id, quod dixisti, non credo.

7. Ea, quae audivi, mihi non placuerunt.

5 **a Unterstreiche das Interrogativ-Pronomen und übersetze.**

1. Quis orationem consulis audivit?
2. Cuius epistulam legis?
3. Quem deorum Romani maxime coluerunt?
4. A quo Helena rapta est?

b Unterstreiche das Interrogativ-Pronomen und sein Bezugswort und übersetze.

1. A quo populo id oppidum conditum est?
2. Quas amicas invitavistis?
3. Cui viro tanta auctoritas erat?
4. Qua de causa hoc fecisti?

6 **Unterstreiche das Indefinit-Pronomen; achte darauf, ob es substantivisch oder adjektivisch verwendet ist, und übersetze.**

1. Aliqui nuntius hoc dixit.
2. Quidam deos non esse putant.
3. Pater mihi aliquid auri dedit.
4. Amicum quendam patris in foro vidi.
5. Fuit rex quidam, qui unam filiam habuit.

Ich kann …

1 … Verben erkennen, von denen ein AcI abhängen kann. ○

dicere – audire – scribere – polliceri – sentire – putare

▶ Accusativus cum Infinitivo (AcI) nach Verben des
Wahrnehmens (z. B. audire), Sagens (z. B. dicere), Glaubens (z. B. putare), Wissens (z. B. scire)

2 … Infinitiv-Konstruktionen, AcI und NcI unterscheiden. ○

1. NcI 2. AcI 3. Infinitiv-Konstruktion 4. NcI 5. Infinitiv-Konstruktion 6. AcI

▶ Infinitiv-Konstruktion: Infinitiv = Subjekt oder Objekt zu einem Prädikat (wie im Dt.)
AcI: übergeordnetes Prädikat = „typisches Verb" (s. Info 1),
Infinitiv (Prädikatsinfinitiv) + Subjektsakkusativ = Aussage
NcI: übergeordnetes Prädikat = passive Form von einigen Verben des Sagens und Meinens (dicere, videre, tradere, ferre, putare)
Infinitiv = Aussage über das Subjekt

3 … Subjektsakkusativ und Prädikatsinfinitiv erkennen und das Zeitverhältnis im AcI bestimmen. ○

1. Pater [servos in foro esse] cognovit. – GZ 2. Nuntii rettulerunt [urbem ab hostibus deletam esse]. – VZ
3. [Vos hodie Romam proficisci] nemo nobis nuntiavit. – GZ 4. [Romulum urbi nomen dedisse] traditum est. – VZ
5. Consul [se orationem ante senatum habiturum esse] vocat. – NZ 6. Imperator [exercitum Romanorum ab hostibus pelli] vidit. – GZ

▶ Infinitiv = Prädikatsinfinitiv → „Prädikat" des AcI
Akkusativ = Subjektsakkusativ → „Subjekt" des AcI
Subjektakkusativ ist ein Substantiv oder Pronomen im Akkusativ, das zusammen mit dem Infinitiv die Aussage ergibt. Wenn das Pronomen se Subjektsakkusativ ist, dann steht es für das Subjekt des Prädikats, von dem der AcI abhängt (Satz 5: se → consul).
Die Zeitstufe des Infinitivs drückt das Zeitverhältnis der „Handlung" des AcI zum übergeordneten Prädikat aus: Inf. Präs.: gleichzeitig (GZ), Inf. Perf.: vorzeitig (VZ), Inf. Fut.: nachzeitig (NZ)

4 … einen AcI übersetzen. ○

1. Der Vater erfuhr, dass die Sklaven auf dem Forum waren. 2. Die Boten berichteten, dass die Stadt von den Feinden zerstört worden sei/die Stadt sei … zerstört worden. 3. Niemand hat uns berichtet, dass ihr heute nach Rom kommt. 4. Es ist überliefert worden, dass Romulus der Stadt seinen Namen gegeben hat. 5. Der Konsul kündigt an, dass er vor dem Senat eine Rede halten werde/er werde … halten. 6. Der Feldherr sah, dass das Heer der Römer von den Feinden geschlagen wurde.

▶ Übersetzungsmöglichkeiten:
- Gliedsatz („dass-Satz"), in dem der lat. Akkusativ (Subjektsakkusativ) zum Subjekt, der lat. Infinitiv (Prädikatsinfinitiv) zum Prädikat wird
- verkürzter „dass-Satz" (Satz 2, 5); nicht immer möglich

Modus im deutschen Nebensatz:
- Indikativ bei Tatsachen/Konjunktiv bei indirekter Rede

5 … einen NcI erkennen und übersetzen. ○

1. Frater tuus in Asia fuisse dicitur. – Dein Bruder soll in Asien gewesen sein./Es wird gesagt/Man sagt, dass …/ Dein Bruder war – wie man sagt – in Asien. 2. Signum ab imperatore dari videbatur. – Es schien vom Feldherrn ein Zeichen gegeben zu werden./Anscheinend wurde … 3. Hostes oppidum aggredi feruntur. – Es wird berichtet, dass die Feinde die Stadt angreifen.

▶ Kennzeichen des NcI: Infinitiv und Verb des Sagens oder Meinens im Passiv
Zeitverhältnis: Zeitstufe des Infinitivs wie beim AcI
Übersetzungsmöglichkeiten:
- „dass-Satz" oder verkürzter „dass-Satz" (wie beim AcI)
- Umschreibung mit „sollen" bzw. „scheinen"
- eingeschobener „wie-Satz"

1 **a Schreibe die Grundbedeutung dieser „Verben des Sagens" auf.**

scribere	______	legere	______	nuntiare	______
dicere	______	loqui	______	negare	______
respondere	______	interrogare	______	rogare	______
iubere	______	polliceri	______	tradere	______

b Schreibe die Grundbedeutung dieser „Verben des Wahrnehmens" auf.

audire	______	spectare	______
sentire	______	videre	______

c Schreibe die Grundbedeutung dieser „Verben des Glaubens, Meinens, Wissens" auf.

intellegere	______	putare	______	credere	______
cognoscere	______	arbitrari	______	scire	______
existimare	______	comperire	______	nescire	______

2 **a Unterstreiche die Verbformen, von denen im Satz ein NcI abhängen könnte.**

audivimus – spectant – scit – videbantur – dicitur – dixerunt – dictae sunt – putavisti – putaris – traditum est – fertur – negant – arbitrati sunt – legit – iussit – rogaverant – sentis – traduntur

b Entscheide, ob es sich um eine Infinitiv-Konstruktion, einen AcI oder NcI handelt. Unterstreiche dazu in den Sätzen das Prädikat. Markiere den Infinitiv und kläre, ob dieser selbst Subjekt/Objekt ist oder ob es einen Subjektsakkusativ bzw. einen Nominativ dazu gibt.

1. Multi homines beati esse videntur. ○ Inf.-Konstr. ○ AcI ○ NcI
2. Multos homines beatos esse videmus. ○ Inf.-Konstr. ○ AcI ○ NcI
3. Homerus Helenam pulchram esse tradidit. ○ Inf.-Konstr. ○ AcI ○ NcI
4. Consilium inire oportet. ○ Inf.-Konstr. ○ AcI ○ NcI
5. Caesar Cleopatram amavisse fertur. ○ Inf.-Konstr. ○ AcI ○ NcI
6. Suetonius Caesarem Cleopatram amavisse rettulit. ○ Inf.-Konstr. ○ AcI ○ NcI
7. Tu verum dicere in animo non habuisti. ○ Inf.-Konstr. ○ AcI ○ NcI
8. Amici te vera non dixisse dicunt. ○ Inf.-Konstr. ○ AcI ○ NcI
9. Romanos Gallis bellum intulisse scimus. ○ Inf.-Konstr. ○ AcI ○ NcI
10. Romani multis populis inimici fuisse dicuntur. ○ Inf.-Konstr. ○ AcI ○ NcI

3 a Unterstreiche alle Infinitive.

uti – honore – putari – vocare – parari – modi – sensistis – ducibus – ereptum esse – aggredi – quaesituros esse – duxi – timeri – morte – iniri – interfectum esse – movere – sequi – fuisse

b Unterstreiche alle Substantive im Akkusativ.

socios – urbe – copias – verbis – cives – senatus – patres – periculis – castra – virtus – hostem – contra – consulibus – salute – rem publicam – sceleris – tecum – numero – cogitas – leges

c Unterstreiche alle Pronomina (substantivisch und adjektivisch) im Akkusativ.

me – nullos – tibi – huic – illae – eos – id – neminem – ii – tu – vobis – nos – hunc – ille – quas – totam – essem – meis – is – hoc – quem – cui – iis – tui – quis – ullum – nostris – hi – illas

d Unterstreiche in den Sätzen den Prädikatsinfinitiv und den Subjektsakkusativ des AcI und setze die Klammer um den AcI.

1. Virgines Sabinorum a viris Romanis raptas esse legistis.
2. Legatus Coriolanum ab Etruscis libenter acceptum esse nuntiavit.
3. Hannibal patri se semper contra Romanos pugnaturum esse promisit.
4. Cicero se rem publicam a magnis periculis servavisse putavit.
5. Coriolano nuntiatum est ingens mulierum agmen ad castra venire.
6. Imperator exercitum hostium vinci non posse intellexit.

e Unterstreiche den Infinitiv/die Infinitive und gib das Zeitverhältnis an (GZ, VZ, NZ).

1. Apud Homerum legimus Paridem Helenam rapuisse et in Troiam abduxisse. ______
2. Pater dixit: „Te amicis tuis statim auxilium ferre iubeo.“ ______
3. Homines putant nihil magis timeri quam mortem ipsam. ______
4. Senatores a Cicerone Catilinam in exilium eiectum esse dixerunt. ______
5. Consul respondit se proximo die senatum convocaturum esse. ______

4 a Ergänze die Übersetzung des AcI der Sätze aus 3d.

1. Ihr habt gelesen, ____

____

2. Der Gesandte hat gemeldet, ____

____

3. Hannibal versprach seinem Vater, ____

____

4. Cicero glaubte, ____

____

5. (Dem) Coriolan wurde gemeldet, ______

6. Der Feldherr erkannte, ______

b Übersetze die Sätze aus 3e. Achte auf das Zeitverhältnis.

1. ______

2. ______

3. ______

4. ______

5. ______

5 **a Unterstreiche in den Sätzen die Bestandteile des NcI (Nominativ, Infinitiv, Prädikat im Passiv).**

1. Ceres dicitur inflammavisse taedas[1] iis ignibus, qui ex Aetnae vertice[2] erumpunt.
2. Etenim urbs illa non urbs videtur, sed fanum Cereris esse.
3. Hennenses non cives illius civitatis, sed omnes sacerdotes Cereris esse videntur.
4. Permulti homines et ex urbe et ex agris se in illa castra conferre dicuntur.

[1]taeda, -ae f.: die Fackel [2]vertex, -icis m.: der Gipfel

b Übersetze die folgenden NcI-Sätze.

1. Multi homines beati esse videntur. ______
2. Helena pulcherrima fuisse dicitur. ______
3. Caesar Cleopatram amavisse fertur. ______
4. Romani multis populis inimici fuisse dicuntur. ______

Ich kann …

1 … die Kongruenz zwischen Substantiv und Partizip erkennen. ◯

viros victos – legato veniente – amicae dicenti – uxores legentes – exercitus pulsi – arma tradita

▶ Ein Partizip bezieht sich im Satz immer auf ein anderes Nomen, mit dem es kongruiert (KNG).
Es kann sich auch auf das nicht eigens genannte Subjekt, das nur im Prädikat „steckt", beziehen; dann fehlt das direkte Bezugswort.
PPP: a-/o-Dekl., z. B. missus, -a, -um
PPA: Kons. Dekl., z. B. mittens, Gen. Sg.: mittentis

2 … Partizipien als Attribut oder mit Relativsatz übersetzen. ◯

1. Patres iura scripta diu negaverunt. – Die Patrizier haben lange geschriebene Rechte verweigert.
2. Filiae Sabinorum viros pugnantes oraverunt: „Finite pugnam!" – Die Töchter der Sabiner haben ihre kämpfenden Männer gebeten: „Beendet den Kampf!" 3. Nuntii ab hostibus missi auditi non sunt. – (Die von den Feinden geschickten Boten …) Die Boten, die von den Feinden geschickt worden waren, wurden nicht angehört.

▶ Das Partizip gibt eine Information über das Bezugswort. → Attributive Verwendung (vgl. Adjektiv)
Übersetzungsmöglichkeiten:
- „wörtliche" Übersetzung mit deutschem Partizip (als Attribut):
  Partizip I: kämpfend (Satz 2), Partizip II: geschrieben (Satz 1)
- Übersetzung mit einem Relativsatz, der direkt an das Bezugswort anschließt (Satz 3)

3 … Partizipien mit Adverbialsatz übersetzen. ◯

1. Latinus rex Aeneam in Latium venientem libenter accepit. – Der König Latinus nahm Äneas, als er nach Latium kam, gern auf. 2. Flavia et Galla a piratis abductae tamen Romam redierunt. – Obwohl Flavia und Galla von Piraten entführt worden waren, kehrten sie nach Rom zurück. 3. Filiae Sabinorum bellum metuentes patres virosque monuerunt. – Weil die Töchter der Sabiner einen Krieg fürchteten, mahnten sie ihre Väter und Männer.

▶ Das Partizip beschreibt Begleitumstände einer Handlung. → Adverbiale Verwendung:
Participium coniunctum (PC)
- keine vergleichbare Verwendung im Deutschen, Übersetzung mit einem Adverbialsatz:
  temporal: als/nachdem (Satz 1); kausal: weil (Satz 3); konzessiv: obwohl/obgleich (Satz 2); modal: indem

4 … Partizipien mit Beiordnung übersetzen. ◯

1. Catilina ex urbe effugiens socios suos in urbe reliquit. – Catilina floh aus der Stadt, ließ aber seine Verbündeten in der Stadt zurück. 2. Nuntii subito Romam profecti post multas horas ad urbem venerunt. – Die Boten brachen plötzlich nach Rom auf und kamen erst nach vielen Stunden zur Stadt. 3. Oppidum a viris defensum ab hostibus capi non poterat. – Die Stadt wurde von den Männern verteidigt und konnte deshalb von den Feinden nicht eingenommen werden.

▶ Übersetzung mit Beiordnung ist möglich,
- wenn das Partizip sich auf das Subjekt des Satzes bezieht
- wenn der Zusammenhang zwischen beiden Handlungen durch verbindende Wörter ausgedrückt werden kann, z. B. „und", „und dann", „und deshalb/daher", „und doch", „aber"

5 … Partizipien mit präpositionaler Verbindung übersetzen. ◯

1. Tarquinius ex urbe pulsus ad Etruscos fugit. – Tarquinius floh nach der Vertreibung aus der Stadt zu den Etruskern.
2. Hostes urbem petentes templa deleverunt. – Die Feinde zerstörten beim Angriff auf die Stadt die Tempel.
3. Oppidum ab hostibus deletum ab hominibus relictum non est. – Nach/Trotz der Zerstörung durch die Feinde wurde die Stadt von den Menschen nicht verlassen.

▶ Übersetzung mit präpositionaler Verbindung ist nur in bestimmten Fällen möglich,
- wenn im Deutschen ein mit dem Partizip sinnverwandtes Substantiv vorhanden ist
- wenn die Möglichkeit des Einfügens in den Satzzusammenhang durch eine Präposition besteht, z. B. sperans … – in der Hoffnung …

1 **a Bestimme die Form des Partizips und schreibe alle Möglichkeiten auf.**

amatam ______ viventes ______

factum ______ permotus ______

rogantibus ______ exspectans ______

b Bilde aus Partizip und Nomen in KNG passende Paare.

raptas – profecti – aggressum – coactos – condita – facti	______	urbe – milites – naves – agmen – impetus – servos

c Bilde aus Partizip und Nomen in KNG passende Paare.

tenente – rogantis – fugientium – putantes – reddens – nescientem	______	populum – viro – equorum – filiae – domini – pater

d Bilde aus Partizip und Pronomen in KNG passende Paare.

victis – motae – sciente – capientem – spectantes – pulsus	______	eo – his – ille – quos – hunc – ei

2 **a Unterstreiche das Partizip, ergänze die Übersetzung mit deutschem Partizip I bzw. II.**

1. Nautae in pugna capti a piratis omnes necati sunt.

Die im Kampf ______ Matrosen wurden alle von den Piraten getötet.

2. Servi vitam miseram agentes libertatem vehementer cupiebant.

Die ein elendes Leben ______ Sklaven wünschten sich die Freiheit sehr.

b Ergänze bei der Übersetzung der Sätze aus 2a einen Relativsatz.

1. Die Matrosen, ______, wurden alle von den Piraten getötet.

2. Die Sklaven, ______, wünschten sich die Freiheit sehr.

c Unterstreiche Partizip und Bezugswort und übersetze mit Partizip I bzw. II oder Relativsatz.

1. Senatores consulem orationem habentem libenter audiverunt. ______

2. Senatoribus oratio a consule habita valde placebat. ______

3 a Unterstreiche Partizip und Bezugswort, ergänze die Übersetzung mit Adverbialsatz.

1. Nautae fortiter pugnantes tamen a piratis superati sunt. ________ die Matrosen tapfer ________, sind sie dennoch von den Piraten besiegt worden.

2. Omnes epistulas mihi redditas magna cum voluptate legi. ________ mir alle Briefe ________, habe ich sie mit großem Vergnügen gelesen.

3. Troiani a Graecis victi novam patriam quaesiverunt. ________ die Troianer von den Griechen ________, suchten sie eine neue Heimat.

b Unterstreiche Partizip und Bezugswort und übersetze mit Adverbialsatz.

1. Ex Gallia rediens Caesar Alpes montes transire debuit. ________

2. Romulo ira commoto Remus resistere non potuit. ________

3. Homines spe libertatis moti ingentia pericula adeunt. ________

4. Senatoribus consilium postulantibus consul haec dixit: … ________

5. Ulixes amore Circae captus ad uxorem Penelopam redire voluit. ________

4 a Unterstreiche Partizip und Bezugswort und ergänze die Übersetzung mit Beiordnung.

1. Matrem uxoremque videns Coriolanus magno dolore dixit: … Coriolan ________ seine Mutter und seine Frau ________ sagte ________ unter großem Schmerz: …

2. Imperator milites hortatus castra hostium oppugnavit. Der Feldherr ________ seine Soldaten ________ griff ________ das Lager der Feinde an.

3. Mulieres liberique capti in servitutem abducti sunt. Frauen und Kinder ________ in die Sklaverei verschleppt.

b Unterstreiche Partizip und Bezugswort und übersetze mit Beiordnung.

1. Homines e periculo servati in urbem redierunt. ______

2. Milites pericula non timentes flumen transeunt. ______

3. Exercitus a castris profectus post multas horas oppidum petivit. ______

4. Equites in pugna victi se in castra receperunt. ______

5. Prima luce ex urbe egressus noctu ad amicos adveni. ______

5 a Unterstreiche Partizip und Bezugswort und ergänze die Übersetzung mit präpositionaler Verbindung.

1. Urbs condita mox ab hostibus deleta est. Die Stadt wurde ______ bald von den Feinden zerstört.

2. Hostes exercitum in castra redeuntem aggressi sunt. Die Feinde griffen das Heer ______ an.

3. Homines e periculis servati laeti non erant. Die Menschen waren ______ nicht fröhlich.

b Unterstreiche Partizip und Bezugswort und übersetze mit präpositionaler Verbindung.

1. Rex ex urbe pulsus ab hostibus Romanorum receptus est. ______

2. Homines ex urbe fugientes deos oraverunt. ______

3. Imperator milites flumen transeuntes adhortatus est. ______

4. Rei ab iudice auditi in carcerem ducti sunt. ______

5. Oppidum ab hostibus occupatum ab hominibus relictum est. ______

Ich kann ...

1 ... die KNG-Kongruenz zwischen Substantiv und Partizip im Ablativ erkennen. ◯

rege occiso – matre vivente – armis datis – amicis scientibus – re nuntiata – urbe relicta

▶ PPP: a-/o-Dekl. → Endungen im Ablativ:
Sg. m.: -to/-so Sg. f.: -ta/-sa Sg. n.: -to/-so Pl. m./f./n.: -tis/-sis
PPA: Kons. Dekl. → Endungen im Ablativ:
Sg. m./f./n.: -nte Pl. m./f./n.: -ntibus
Stehen in einem Satz Partizip und Bezugswort im bloßen Ablativ (also nicht abhängig von einer Präposition), so handelt es sich fast immer um einen Ablativus absolutus.
Bei einem Ablativus absolutus besteht immer KNG-Kongruenz von Partizip und Bezugswort.

„-to, -ta, -tis/-so, -sa, -sis"

„-nte/-ntibus"

2 ... den Abl. abs. erkennen und mit Adverbialsatz übersetzen. ◯

1. [Piratis Flaviam abducentibus] – Während die Piraten Flavia entführen, sitzt Quintus mit seinen Freunden auf dem Forum. 2. [Amico a deis e periculo servato] – Weil/Als der Freund von den Göttern aus der Gefahr gerettet worden war, waren wir alle überglücklich. 3. [Hostibus flumen transire audentibus] – Obwohl die Feinde es wagten, den Fluss zu überschreiten, zogen sich unsere Soldaten nicht zurück.

▶ Schritte bei der Übersetzung eines Abl. abs. als Adverbialsatz (häufigste Übersetzung):
1. Partizip erkennen und Bezugswort bestimmen (KNG bei Partizip und Nomen), Klammer um den [Abl. abs. und die dazugehörigen Wörter] setzen,
2. die Wörter außerhalb der Klammer übersetzen,
3. Verhältnis zwischen Abl. abs. und übergeordnetem Prädikat klären,
4. mit Gliedsatz übersetzen:
Zeitverhältnis: PPA → gleichzeitig, aktiv PPP → vorzeitig, passiv
logisches Verhältnis: temporal: während, als, nachdem; kausal: weil, da; konzessiv: obwohl

3 ... den Abl. abs. erkennen und mit Beiordnung übersetzen. ◯

1. [Senatoribus in senatum convocatis] – Die Senatoren waren zur Senatssitzung gerufen worden und das Volk hörte daraufhin/deshalb eine Rede des Konsuls an. 2. [Patre in urbem redeunte] – Der Vater kehrte in die Stadt zurück und der Bruder brach gleichzeitig/währenddessen nach Griechenland auf. 3. [Hominibus ex oppido deleto fugientibus] – Die Menschen flohen aus der zerstörten Stadt und die Feinde zündeten währenddessen die Tempel an.

▶ Übersetzung eines Abl. abs. mit Beiordnung (eher seltene Übersetzung): 1.–3. s. Info 3
4. die Handlung im Abl. abs. und die Handlung des restlichen Satzes in zwei Hauptsätzen ausdrücken und diese dem Verhältnis entsprechend sinnvoll verbinden, z. B. mit „und ... dann", „und ... deshalb", „aber ... dann"

4 ... den Abl. abs. erkennen und mit präpositionaler Verbindung übersetzen. ◯

1. [Armis traditis] – Nach Übergabe der Waffen wurde Friede geschlossen. 2. [Hostibus urbem aggredientibus] – Während des Angriffs der Feinde auf die Stadt beteten die Menschen zu den Göttern. 3. [Oppido vi expugnato] – Trotz der gewaltsamen Einnahme der Stadt (Einnahme der Stadt mit Gewalt) wurde niemand getötet.

▶ Übersetzung eines Abl. abs. mit präpositionaler Verbindung: 1.–3. s. Info 3
4. Präposition und Substantiv sinnvoll einfügen, wenn es im Deutschen ein geeignetes Substantiv in der Wortfamilie des Partizips gibt, z. B. übergeben → die Übergabe
Das Bezugswort wird dann meist als Genitiv-Attribut an das Substantiv angehängt.

5 ... den nominalen Abl. abs. erkennen und übersetzen. ◯

1. [Caesare mortuo] – Nach Cäsars Tod brach Krieg aus. 2. [Cicerone consule] – Als Cicero Konsul war,/Unter Ciceros Konsulat war Rom in Gefahr. 3. [Parentibus vivis] – Als die Eltern noch lebten,/Zu Lebzeiten der Eltern habe ich Rom verlassen.

▶ nominaler Abl. abs.: Nomen + Nomen; Übersetzung oft mit präpositionaler Verbindung
häufige Nomina: Substantive: dux, imperator, auctor, consul
Adjektive: mortuus, vivus, salvus, invitus

1 **a Unterstreiche alle Partizipien im Ablativ.**

cogenti – scribens – traditum – motis – putantes – ducente – audientibus – paratis – relicta – victi – rogantium – occupato – moventis – actis – rapientes – legentibus – pugnante – scribentem – dato

b Bilde von den Verben das PPA und das PPP im Ablativ Singular und Plural.

Infinitiv	PPA	PPP
movere	*movente/moventibus*	*moto, mota/motis*
ducere		
rapere		
rogare		

c Unterstreiche alle Substantive im Ablativ.

pace – loci – pueris – agminis – urbe – corpora – victoria – oppidis – ignis – regioni – amicos – servi – partem – fidei – multitudinum – res – fratribus – tempus – legatus – navibus – nocte – re

d Bilde von den Substantiven den Ablativ Singular und Plural.

Nom. Sg.	Abl. Sg.	Abl. Pl.	Nom. Sg.	Abl. Sg.	Abl. Pl.
provincia			homo		
templum			lex		
tempus			socius		

2 **a Ein Abl. abs. steht häufig am Satzanfang. Übersetze die Beispiele mit einem Nebensatz, eingeleitet durch „nachdem, als, während, weil, obwohl, wobei, indem".**

His rebus gestis … *Nachdem diese Dinge geschehen sind/waren,*

Auxilio dato … ____________________

Nuntiis missis … ____________________

Civibus resistentibus … ____________________

Parte exercitus relicta … ____________________

Nullo milite prohibente … ____________________

Pace facta … ____________________

b Markiere das Partizip, setze die Klammer um den Abl. abs. und übersetze mit Adverbialsatz.

1. Adventu agminis nuntiato hostes in silvas se receperunt. ______

2. Remo interfecto Romulus solus imperium tenebat. ______

3. Militibus adhuc pugnantibus legati de pace missi sunt. ______

3 Markiere das Partizip, setze die Klammer um den Abl. abs. und übersetze mit Beiordnung.

1. Militibus laudatis Caesar exercitum in castra reduxit. ______

2. Exemplo sapientiae dato philosophus cum audientibus disputavit. ______

3. Hominibus fugientibus urbs ab hostibus deleta est. ______

4 Markiere das Partizip, setze die Klammer um den Abl. abs. und übersetze mit präpositionaler Verbindung.

1. Pace facta hostes urbem aggressi sunt. ______

2. Civibus petentibus consules legatos ad populos vicinos miserunt. ______

3. Sole orto homines frequentes in forum convenient. ______

5 Setze die Klammer um den nominalen Abl. abs. und übersetze.

1. Natura duce homines vitam beatam agunt. ______

2. Rege crudelissimo mortuo populus libertatem accepit. ______

3. Consule auctore senatus hoc consilium cepit. ______

1–5 In der Übersetzung der Sätze sind Wortgruppen ausgelassen. Unterstreiche diese in den lateinischen Sätzen, markiere die Partizipien im Ablativ, setze Klammern um die Abl. abs. und ergänze die Übersetzung.

Die Sätze sind aus den Reden, die Cicero als Konsul im Jahre 63 v. Chr. gegen Catilina hielt, den er einer Verschwörung gegen den römischen Staat beschuldigte:

1. Etenim quaero, si quis pater familias liberis suis a servo interfectis, uxore occisa, incensa domo supplicium de servo quam acerbissimum sumpserit, utrum is clemens ac misericors an inhumanissimus et crudelissimus esse videatur? Denn ich frage, wenn (irgend)ein *pater familias*, ____________________

____

____________________ die härtest mögliche Strafe an dem Sklaven vornähme, würde er dann milde und mitleidig oder ganz und gar unmenschlich und grausam erscheinen?

2. Quid est, Catilina? Num dubitas id me imperante facere, quod iam tua sponte faciebas? Was ist, Catilina? Zögerst du etwa, dies ____________________ zu machen, was du schon freiwillig machen wolltest?

3. Id est initum consilium, ut interfectis omnibus nemo ne ad deplorandum quidem populi Romani nomen atque ad lamentandum tanti imperii calamitatem relinquatur. Dieser Plan wurde gefasst, dass

____

übrig bleibt, nicht einmal um den Namen des römischen Volkes zu betrauern und über das Unglück eines so großen Reiches sein Leid zu klagen.

4. Atque ille primo quidem negavit, post autem aliquanto toto iam indicio exposito atque edito surrexit. Zunächst leugnete jener zwar, aber ein wenig später, ____________________

____ erhob er sich.

5. Indiciis expositis atque editis, Quirites, senatum consului, de summa re publica quid fieri placeret.

____

Bürger, habe ich den Senat um Rat gefragt, was zum Wohle des Staates geschehen solle.

6. Nunc quoniam, Quirites, conscelaratissimi periculosissimique belli nefarios duces captos iam et comprehensos tenetis, existimare debetis omnes Catilinae copias, omnes spes atque opes his depulsis urbis periculis concidisse. Jetzt, Bürger, da ihr die schändlichen Anführer dieses äußerst verbrecherischen und gefährlichen Krieges schon gefangen haltet, dürft ihr glauben, dass alle Truppen Catilinas, all seine Hoffnungen und Kräfte zusammengebrochen sind, ____________________

____

Ich kann …

1 … das Gerundium erkennen und übersetzen.

1. Parati sumus ad pugnandum. – Wir sind, bereit zu kämpfen (… zum Kämpfen bereit). 2. Nunc tempus redeundi est. – Jetzt ist es Zeit, zurückzukehren (… zur Rückkehr). 3. Legendo prudentes estis. – Durchs Lesen seid ihr klug. 4. Spes hostes vincendi est. – Die Hoffnung besteht, die Feinde zu besiegen. (Es gibt Hoffnung, die Feinde zu besiegen.) 5. Milites hortando imperator hostes vicit. – Dadurch, dass er die Soldaten ermunterte, besiegte der Feldherr die Feinde. 6. Nuntii ad id cognoscendum veniunt. – Die Boten kommen, um dies in Erfahrung zu bringen.

▶ Gerundium = deklinierter substantivierter Infinitiv eines Verbs (Verbalsubstantiv)
im Dt.: das Lesen, des Lesens, dem Lesen, das Lesen, durch das Lesen
Bildung: Präsensstamm (+ Sprechvokal) + -nd- + -i (Gen.), -um (Akk.), -o (Abl.)

Häufigste Verwendungsweisen:	Übersetzung mit:
– als Genitivattribut eines Nomens	„zu/um zu" (cupiditas legendi – das Verlangen, zu lesen)
– ad + Akkusativ des Gerundiums	„zu/um zu" (ad legendum – um zu lesen)
– im Ablativ mit/ohne Präposition	Substantivierung oder Gliedsatz: „dadurch, dass" (legendo – durch das Lesen/dadurch, dass man liest; in legendo – beim Lesen)

2 … das Gerundivum-V erkennen und übersetzen.

1. Rex exercitum ad oppidum expugnandum misit. – Der König schickte das Heer, um die Stadt zu erobern (… zur Eroberung der Stadt). 2. Fratres consilium urbis condendae capiunt. – Die Brüder fassen den Plan, eine Stadt zu gründen (… zur Gründung einer Stadt). 3. In fabulis audiendis liberi laeti sunt. – (Wenn sie Geschichten hören, …) Beim Hören von Geschichten sind Kinder fröhlich. 4. Quid de re publica bene gerenda cognovisti? – Was hast du über die gute/richtige Staatslenkung erfahren (… darüber, einen Staat gut zu lenken)? 5. Quis idoneus est ad cives hortandos? – Wer ist geeignet, die Bürger aufzumuntern? 6. Germani bellis in Galliam inferendis Gallos arcere studebant. – Indem die Germanen in Gallien Kriege begannen, wollten sie die Gallier abwehren.

▶ Gerundivum = vom Verb gebildetes Adjektiv (Verbaladjektiv), das sich auf ein anderes Nomen im Satz bezieht (KNG-Kongruenz)
Das Gerundivum-V beschreibt einen Vorgang.
Bildung: Präsensstamm (+ Sprechvokal) + -nd- + -us, -a, -um

Häufigste Verwendungsweisen:	Übersetzung (mit Einbeziehung des Bezugswortes) wie Gerundium:
– als Genitivattribut eines Nomens:	cupiditas libri legendi – das Verlangen, ein Buch zu lesen
– ad + Akkusativ:	ad libros legendos – um Bücher zu lesen
– im Ablativ mit/ohne Präposition:	in libro legendo – beim Lesen eines Buches/ dadurch, dass man ein Buch liest

3 … das Gerundivum-N erkennen und übersetzen.

1. Dei colendi sunt. – Götter müssen verehrt werden. 2. Inter omnes constat amicum e periculo servandum esse. – Für alle steht fest, dass man einen Freund aus der Gefahr retten muss. 3. Superandi non sumus, amici. – Wir sind nicht zu besiegen, Freunde. 4. Tacendum erat. – Man musste schweigen. 5. Militibus imperia consulis facienda sunt. – Soldaten müssen Befehle des Konsuls ausführen. 6. Mihi urbs relinquenda non est. – Ich darf die Stadt nicht verlassen.

▶ Gerundivum (als Prädikatsnomen → KNG-Kongruenz mit Subjekt) + esse = Prädikat

Das Gerundivum-N drückt eine Notwendigkeit aus; übersetzt wird es daher mit „müssen", bei Verneinung mit „nicht dürfen":

Hic liber legendus est.	Dieses Buch muss gelesen werden.
Amici pugnandi non sunt.	Freunde darf man nicht bekämpfen.

Die handelnde Person wird beim Gerundivum-N im Dativ (Dativus auctoris) angegeben:

Hic liber hominibus legendus est.	Die Menschen müssen dieses Buch lesen. („Dieses Buch ist den Menschen ein zu lesendes.")
Amici tibi prodendi non sunt.	Du darfst Freunde nicht verraten.

1 **a Bilde von den Verben das Gerundium in den angegebenen Kasus.**

Infinitiv	Genitiv	Akkusativ	Ablativ
narrare			
agere			
audire			

b Übersetze das Gerundium im Genitiv mit „zu …".

1. Spes vincendi est. ____________________

2. Artem dicendi discit. ____________________

3. Nunc est tempus amicos relinquendi. ____________________

c Übersetze ad + Gerundium mit „um zu/zu …".

1. Paratus sum ad tacendum. ____________________

2. Quis idoneus ad id conandum est? ____________________

3. Veniunt ad spectandum. ____________________

d Übersetze in + Gerundium mit „bei …", Gerundium im bloßen Ablativ mit „durch …".

1. Orator bene dicendo homines movit. ____________________

____

2. Vos in pugnando fortes esse scio. ____________________

3. Docendo discimus. ____________________

2 **a Markiere die Form des Gerundivum-V mit KNG-Kongruenz zum Bezugswort (unterstrichen).**

in <u>urbe</u> …	defendenda – defendendi – defendendo
spes <u>hostium</u> …	vincendum – vincendorum – vincendarum
in <u>re publica</u> bene …	gerendis – gerenda – gerendae
<u>hominum</u> … causa	servandorum – servandarum – servandis

b Übersetze das Gerundivum-V und sein Bezugswort im Genitiv mit „um zu/zu …".

1. Spes <u>vitae</u> <u>servandae</u> est. ____________________

____

2. Artem <u>rei publicae</u> bene <u>gerendae</u> discere volo. ____________________

____

3. Homines <u>consulis</u> <u>laudandi</u> causa convenerunt. ____________________

____

c Übersetze ad + Gerundivum-V mit „um zu/zu …".

1. Parati ad arma capienda sumus. ______

2. Homines ad orationem audiendam convenerunt. ______

3. Quis est idoneus ad bella finienda? ______

d Übersetze in + Gerundivum-V mit „bei …", Gerundivum-V im bloßen Ablativ mit „durch …".

1. Qui populus bellis gerendis fines auxit? ______

2. Fortissimus fuisti in urbe defendenda. ______

3. In re publica administranda semper diligentiam adhibuit. ______

3 a Übersetze und erkläre den Unterschied zwischen Gerundivum-V und Gerundivum-N.

Spes urbis expugnandae est.	Urbs expugnanda est.
______	______

b Markiere Gerundivum und Dativus auctoris verschieden und übersetze.

1. Consuli oratio habenda fuit. ______

2. Vobis proficiscendum non est. ______

3. Leges omnibus civibus observandae sunt. ______

4. Mihi pugnandum erit pro libertate. ______

5. Philosophus paupertatem viro sapienti timendam non esse putabat. ______

6. Inter omnes constat reos iudici audiendos esse. ______

1–3 **In der Übersetzung der Sätze sind Wortgruppen ausgelassen. Unterstreiche diese in den lateinischen Sätzen, markiere die nd-Form sowie die zu ihr gehörigen Wörter und ergänze die Übersetzung.**

Die Sätze entstammen den Reden, die Cicero als Konsul im Jahre 63 v. Chr. gegen Catilina hielt, den er einer Verschwörung gegen den römischen Staat beschuldigte:

1. Quod consilium delendae rei publicae initum est? Welcher Plan ______________________________

______________________________ ist gefasst worden?

2. Qui, Catilina, nesciat te pridie Kalendas Ianuarias Lepido et Tullo consulibus stetisse in comitio cum telo, manum consulum et principum civitatis interficiendorum causa paravisse? Wer, Catilina, wüsste nicht, dass du am 31. Dezember unter dem Konsulat des Lepidus und Tullus auf dem Komitium mit einem Dolch gestanden, dass du eine Gruppe bereitgestellt hattest, ______________________________

____

3. Tenentur ii, qui ad urbis incendium, ad vestram omnium caedem, ad Catilinam accipiendum Romae restiterunt. Festgenommen sind die, die zur Brandlegung in der Stadt, zu euer aller Ermordung, __________

______________________________ in Rom geblieben sind.

4. Nunc quicquid est, quocumque vestrae mentes inclinant atque sententiae, statuendum vobis ante noctem est. Was auch immer nun ist, wohin auch immer eure Ansichten und Meinungen neigen,

____

5. Itaque, ut aliqua in vita formido improbis esset proposita, apud inferos eius modi quaedam illi antiqui supplicia impiis constituta esse voluerunt, quod videlicet intellegebant his remotis non esse mortem ipsam pertimescendam. Deshalb, damit für gewissenlose Menschen im Leben irgendein Schreckensbild aufgestellt wird, wollten die Alten, dass in der Unterwelt gewisse Strafen für Skrupellose festgelegt sind, weil sie wohl erkannten, dass nach deren (der Strafen) Abschaffung ______________________________

____

6. Omnes ordines ad conservandam rem publicam mente, voluntate, voce consentiunt. Alle Stände stimmen in der Absicht, ihrem Wunsch und ihren Worten darin überein, ______________________________

7. O condicionem miseram non modo administrandae, verum etiam conservandae rei publicae!
Oh, was für eine undankbare Aufgabe, __________ nicht nur __________, sondern auch

____

Punkte

V 1 **Zerlege die Verbformen in ihre Bestandteile, bestimme und übersetze sie.**

servabamus ______

egistis ______

pepuleram ______

intelleges ______

audiunt ______

orabo ______ (___/6)

V 2 **Zerlege die Verbformen in ihre Bestandteile, bestimme und übersetze sie.**

auditur ______

pulsus es ______

capiemur ______

defendebar ______

coactus eram ______

rogabimini ______ (___/6)

V 3 **Bestimme die Verbformen im Konjunktiv, nenne die Sinnrichtung und übersetze.**

1. Quid faciamus? ______
2. Ne tacueris! ______
3. Rex cum pulsus esset, urbem petivit. ______
4. Si hostes urbem caperent, homines interficerentur. ______
5. Te rogo, ut me adiuves. ______
6. Timeo, ne cadas. ______ (___/6)

V 4 **Markiere unterschiedlich: Imperative, Infinitive, Partizipien.**

taceo – rogate – audi – pepuli – mitti – capti – orare – oratore – duc – petere – servatos esse – fecisti – mulierum – dicturum – mens – fugiens – conditum – egissem – vicisse (___/6)

V 5 **Übersetze die Verbformen.**

loquitur ______	ierant ______
eris ______	tulistis ______
vis ______	aggressi sumus ______

(___/6)

V 1–5 **a Zerlege die Verbformen in ihre Bestandteile, bestimme und übersetze sie.** | Punkte

pellitur ______

dixerunt ______

nuntiabis ______

missi sunt ______

loquebatur ______

amaveratis ______ (___/6)

b Markiere die Konjunktiv-Formen.

sciant – orabantur – servati simus – moveatis – fuerim – locutus est – vincemur – audior – agens – oretur – coli – dubitent – eas – loquatur – feret – fecimus – ibas – amarentur – iuberet – dicimus – intellexisset – legisse – auditi essent – pulsi (___/6)

c Nenne die Stammformen dieser Verbformen.

vicit ______

abibit ______

latus est ______

noluit ______

fueratis ______

ausus sum ______ (___/6)

d Sortiere durch Markieren: finite Verbform – Imperativ – Infinitiv – Partizip.

putari – coactum – senti – aguntur – prudentibus – sententiae – locuta sum – libenter – pressae – invenientes – vocaturum esse – vehemens – legite – nave – agminis – nomina – rogarent – petivisse – defende – hospite – obsides (___/6)

e Übersetze.

1. Pugnate! ______
2. Amicis adfuisti. ______
3. Finem belli faciamus! ______
4. Amantes amari volunt. ______
5. Viri in bello capti in agris laborare debebunt. ______
6. Imperator gaudebat: „Hostes nos aggredi ausi non sunt.“ ______ (___/6)

Punkte

N1 **a Gib jeweils an, zu welcher Deklination das Substantiv gehört.**

urbibus ________ Dekl. verba ________ Dekl. rerum ________ Dekl.

socios ________ Dekl. manus ________ Dekl. terris ________ Dekl. (___/6)

b Markiere die Substantive im Nominativ Singular und Plural unterschiedlich.

reges – populis – curam – oppidum – civis – viri – puer – verba – rationem – rebus (___/6)

c Markiere die Substantive im Genitiv Singular sowie im Dativ und Ablativ Plural unterschiedlich.

pedis – spei – dea – anno – servis – legibus – vitae – bello – exercitibus – corpus (___/6)

d Bestimme die Substantive, gib alle Möglichkeiten an.

militis ________ patria ________ dies ________

proeliis ________ impetus ________ modi ________ (___/6)

N2 **a Verbinde jedes Adjektiv mit dem in KNG-Kongruenz passenden Substantiv.**

omnibus – longum – alti – infelicem – ingentis – magna

vitas – iter – parte – iudice – agminis – rerum – amicam – populis – viro – montes (___/6)

b Übersetze die Komparative und Superlative jeweils mit beiden Möglichkeiten.

vita beatior ________

maiora opera ________

res faciliores ________

homines stultissimi ________

gens miserrima ________

consilium gravissimum ________ (___/6)

c Unterstreiche alle Adverbien.

igne – beate – libentis – acer – vehementissime – fortius – celeriter – spe – iustus – ingentissimi – triste – pace – iter – diligenter – ager – incredibile – vere – liber (___/6)

N3 **a Ordne nur die Pronomina den Spalten zu.**

sed – hae – me – pauci – ius – alter – quosdam – vestri – vi – quae – sic – quis – ibi

Personal-	Possessiv-	Demonstrativ-	Relativ-	Indefinit-	Interrogativ-

(___/6)

b Übersetze die Pronomina in der angegebenen Form.

his ________ te ________ cuius ________

illos ________ earum ________ nostrae ________ (___/6)

Punkte

S1 **a Unterstreiche die Verbformen, von denen ein AcI bzw. NcI abhängen kann.**

duxerunt – reddidisti – audiveramus – dicitur – conveniunt – arbitrans – rapuit – feruntur – pressi sunt – putavistis – vixerit – habebant – polliciti sunt – venissent (___/6)

b Markiere die Konstruktion mit Infinitiv, benenne ihre Bestandteile und übersetze.

1. Aeneas patrem filiumque e Troia servavisse fertur. ______

______

2. Ulixes post decem annos tandem in patriam redire voluit. ______

______

3. Romulus se urbi novae nomen suum daturum esse speravit, quod primus sex vultures viderat. ______

______

______ (___/6)

S2–3 **Markiere die Partizip-Konstruktion, benenne sie und übersetze die Sätze.**

1. Pace facta datisque obsidibus imperator cum legionibus provinciam reliquit.

______

______

______

2. Populus Ciceronem in patriam redeuntem magno cum gaudio accepit. ______

______

______

3. Hannibal Romam profectus est nullo resistente. ______

______ (___/6)

S4 **Entscheide: Gerundium (G), Gerundivum-V (GV), Gerundivum-N (GN). Übersetze die Sätze.**

1. Omnibus civibus concordia servanda est. ______

______

2. Omnes ad urbem defendendam parati sumus. ______

______

3. Legendo legere, scribendo scribere discimus. ______

______ (___/6)

Punkte

1 Unterstreiche in den Sätzen das Prädikat.

1. Nec solum Siculi, sed etiam ceterae gentes nationesque Cererem colunt.
2. Nulla iam pernicies a monstro illo intra moenia comparabitur.
3. Etenim iam diu, patres conscripti, in his periculis coniurationis insidiisque versamur.
4. Ille oppidum Gallorum oppugnare instituerat.
5. Erepti enim estis ex crudelissimo ac miserrimo interitu.
6. Hoc autem uno interfecto intellego hanc rei publicae pestem paulisper reprimi, non in perpetuum comprimi posse. (___/6)

2 Unterstreiche in den Sätzen das Subjekt.

1. Homines omnium rerum inopia adducti legatos de deditione ad eum miserunt.
2. Bello confecto totius fere Galliae principes civitatum ad Caesarem convenerunt.
3. In castris Helvetiorum tabulae repertae sunt litteris Graecis confectae.
4. Reliqui se fugae mandaverunt atque in proximas silvas abdiderunt.
5. Celeriter ad omnes Galliae civitates fama perfertur.
6. Convenimus in aedem Iunonis. (___/6)

3 Markiere Akkusativ-Objekte blau, Dativ-Objekte grün, Genitiv-Attribute rot.

1. Caesar acceptis litteris statim nuntium ad M. Crassum misit.
2. His Caesar ita respondit.
3. Nunc te patria odit.
4. Hanc statuam noctu clam servi ex illo religiosissimo loco sustulerunt.
5. Haec verba misericordiam hominum commoverunt.
6. Multa tibi credo, sed non omnia. (___/6)

4 Unterstreiche alle Adverbialien und gib die Sinnrichtung an.

1. Fuistine apud Laecam illa nocte, Catilina? ______________________
2. Caesar Gallorum animos verbis confirmat. ______________________
3. Postero die hostes castra ex eo loco movent. ______________________
4. Virtute mea res publica liberata est. ______________________
5. Venit magnis itineribus in Nerviorum fines. ______________________
6. Timore perterriti homines ex urbe fugiunt. ______________________ (___/6)

Punkte

1 Unterstreiche das Relativ-Pronomen, grenze den Relativsatz durch Kommasetzung ab, markiere in der deutschen Übersetzung die Stelle, an der er fehlt, und übersetze ihn.

1. Inter fines Helvetiorum et Allobrogum qui nuper pacati erant flumen Rhodanus fluit.

Zwischen dem Gebiet der Helvetier und Allobroger floss die Rhone. ____________________

____

2. Nunc te patria quae communis parens omnium nostrum est odit ac metuit. Nun hasst und

fürchtet das Vaterland dich. ____

3. Hac fama ad Treveros perlata Indutiomarus qui postero die castra oppugnare decreverat

noctu profugit. Nachdem das Gerücht zu den Treverern gelangt war, floh Indutiomarus in der

Nacht. ____ (____/6)

2 Unterstreiche Fragewort und Prädikat des indirekten Fragesatzes und übersetze ihn.

1. Quid is ea nocte constituisset, edocui. Ich habe dargelegt, ____________________

____

2. Mercatores pronuntiant, quibus ex regionibus veniant quasque res ibi cognoverint.

Die Kaufleute verkünden, ____

____

3. Pater quaesivit a me, vellemne secum in castra proficisci. Mein Vater fragte mich,

____ (____/6)

3 Unterstreiche Subjunktion und Prädikat, schreibe die Art des Gliedsatzes über die Subjunktion und ergänze die Übersetzung.

1. Is, ubi de Caesaris adventu cognovit, oppugnatione destitit. Dieser hörte mit der

Belagerung auf, __________ er von Cäsars Ankunft ______________________________

2. Diutius cum sustinere impetum non possent, se in montem receperunt. ______________

sie dem Angriff nicht länger standhalten ______________, zogen sie sich auf den Berg zurück.

3. Tantus subito timor omnem exercitum occupavit, ut non mediocriter omnium animos

perturbaret. Plötzlich ergriff so große Angst das ganze Heer, __________ sie die Gemüter aller

nicht wenig ____ (____/6)

4 Unterstreiche in den Satzperioden die Gliedsätze.

1. Theseus, postquam Cretam venit, ab Ariadna est amatus adeo, ut fratrem proderet.
2. Helvetii reliquos Gallos virtute praecedunt, quod fere cotidianis proeliis cum Germanis contendunt, cum aut suis finibus eos prohibent aut ipsi in eorum finibus bellum gerunt.
3. Accipite, si vultis, iudices, rem eius modi, ut eius furorem perspicere possitis. (____/6)

Punkte

1. Thetis cum sciret Achillem, filium suum, quem ex Peleo habebat, si ad Troiam expugnandam isset, moriturum esse, misit eum in insulam Scyron ad Lycomedem regem. 2. Quem ille inter filias habitu femineo[1] servabat nomine mutato. 3. Graecorum duces autem cum rescissent[2] ibi eum occultari, ad regem Lycomedem oratores – inter eos Ulixem, regem Ithacae – miserunt, qui rogarent, ut eum adiutorium[3] Graecis mitteret. 4. Rex cum negaret illum apud se esse, potestatem eis fecit, ut in regia[4] quaererent. 5. Qui cum intellegere non possent, quis esset earum, Ulixes in regio vestibulo[5] munera feminea[6], in quibus clipeum[7] et hastam[8], posuit et subito tubicinem[9] iussit canere[10]. 6. Achilles hostem arbitrans adesse vestem muliebrem[11] dilaniavit[12] atque clipeum[7] et hastam[8] arripuit[13]; ex hoc est cognitus. (*nach Hygin, Fabulae*)

[1]habitus femineus: weibliche Kleidung [2]rescire: herausfinden [3]adiutorium: die Unterstützung [4]regia, -ae f.: der Palast [5]regium vestibulum: Eingangshalle des Palastes [6]munera feminea: Geschenke für Frauen [7]clipeus: der Rundschild [8]hasta: die Lanze [9]tubicen, -cinis m.: der Trompeter [10]canere: (*hier*) (in die Trompete) blasen [11]vestis muliebris: das Frauenkleid [12]dilaniare: zerreißen [13]arripere, -ripo, -ripui, -reptum: an sich reißen

1 **Schreibe aus dem Text alle Infinitive heraus.**

______________________________ (___/6)

2 **Infinitiv-Konstruktion oder AcI? Übertrage die sechs Konstruktionen aus dem Text.**

Satz-Nr.	Verbform, von der die Konstruktion abhängt	bei AcI: Subjektsakkusativ	Infinitiv

(___/6)

3 **Übersetze die Konstruktionen, die du bei 2 eingetragen hast.**

____

____

____

____

____

______________________________ (___/6)

4 **Schreibe die nd-Konstruktion und die Partizipien mit Bezugswort heraus. Übersetze sie.**

nd: ______________ ______________

PPP: ______________ ______________

PPA: ______________ ______________ (___/6)

Punkte

1. Thetis cum sciret Achillem, filium suum, quem ex Peleo habebat, si ad Troiam expugnandam isset, moriturum esse, misit eum in insulam Scyron ad Lycomedem regem. 2. Quem ille inter filias habitu femineo servabat nomine mutato. 3. Graecorum duces autem cum rescissent ibi eum occultari, ad regem Lycomedem oratores – inter eos Ulixem, regem Ithacae – miserunt, qui rogarent, ut eum adiutorium Graecis mitteret. 4. Rex cum negaret illum apud se esse, potestatem eis fecit, ut in regia quaererent. 5. Qui cum intellegere non possent, quis esset earum, Ulixes in regio vestibulo munera feminea, in quibus clipeum et hastam, posuit et subito tubicinem iussit canere. 6. Achilles hostem arbitrans adesse vestem muliebrem dilaniavit atque clipeum et hastam arripuit; ex hoc est cognitus. (*nach Hygin, Fabulae*)

1 Ermittle die Personen der Handlung, indem du alle Personennamen des Textes nennst.

______________________________ (___/6)

2 Entnimm dem Text Informationen über die Personen.

____

______________________________ (___/6)

3 Ermittle, wo die Handlung spielt, indem du alle weiteren Orte der Handlung heraussuchst.

ad Troiam – ______________________________

Handlung spielt in ______________________________ (___/6)

4 Kläre die Handlungsschritte, indem du mithilfe der Satz- und der Gefüge-Übersetzungs-Strategie aus den Hauptsätzen der Sätze 1–6 Subjekt und Prädikat herausschreibst.

1. ______________ 2. ______________

3. ______________ 4. ______________

5. ______________________________

6. ______________________________ (___/6)

5 Umschreibe den Kern der Handlung jedes Satzes auf Deutsch.

1. ______________________________

2. ______________________________

3. ______________________________

4. ______________________________

5. ______________________________

____

6. ______________________________

______________________________ (___/6)

Ich kann …

1 … das Prädikat in einem Satz erkennen. ○

1. colunt 2. comparabitur 3. versamur 4. instituerat 5. erepti estis 6. intellego

▶ Prädikate sind finite Verben (alle Verbformen mit einem Person-Zeichen: 1. Sg. bis 3. Pl.) und Imperative in einem Haupt- oder Nebensatz.
Eine finite Form von esse bildet meist zusammen mit einem Prädikatsnomen das Prädikat.
Im lateinischen Satz steht das Prädikat häufig an der letzten Stelle des Satzes.

2 … das Subjekt in einem Satz erkennen. ○

1. homines 2. principes 3. tabulae 4. reliqui 5. fama 6. convenimus

▶ Das Subjekt eines Satzes steht immer im Nominativ. — Prüf-Frage: Wer/Was … + Prädikat?
Ein Satz kann auch mehrere Subjekte enthalten.
Das Subjekt des lateinischen Satzes kann im Person-Zeichen des Prädikats „stecken“: amas – du liebst

3 … Akkusativ-, Dativ-Objekte und Genitiv-Attribute in einem Satz erkennen. ○

1. nuntium (Akk.-Obj.) 2. his (Dat.-Obj.) 3. te (Akk.-Obj.) 4. hanc statuam (Akk.-Obj.)
5. misericordiam (Akk.-Obj.), hominum (Gen.-Attr.) 6. multa, omnia (Akk.-Obj.), tibi (Dat.-Obj.)

▶ Akkusativ-Objekt und Dativ-Objekt sind mögliche Ergänzungen zum Prädikat.
Nach Übersetzung des Prädikats kann man oft durch sinnvolles „Weiterfragen“ Hinweise auf Ergänzungen erhalten:

Dat.-Obj.: Tibi — Ich gebe dir — Prüf-Frage: Wem … + Prädikat?
Akk.-Obj.: librum do. — ein Buch. — Prüf-Frage: Wen/Was … + Prädikat?

Einige Verben ziehen im Lateinischen andere Kasus nach sich als im Deutschen, z. B.:
sequi + Akk. – folgen + Dat. → Übersetzung: te (Akk.) sequor – ich folge dir (Dat.)

Genitiv-Attribute sind Ergänzungen zu Nomina und „erläutern“ sie näher:
castra hostium – das Lager der Feinde — Prüf-Frage: Wessen … + zugehöriges Nomen?

4 … das Adverbiale in einem Satz erkennen. ○

1. apud Laecam (Ort), illa nocte (Zeit) 2. verbis (Mittel) 3. postero die (Zeit), ex eo loco (Ort) 4. virtute mea (Mittel)
5. magnis itineribus (Art u. Weise), in Nerviorum fines (Ort) 6. timore (Grund), ex urbe (Ort)

▶ Adverbialien werden im Lateinischen ausgedrückt durch
- einfache Adverbien, z. B. nunc – jetzt
- präpositionale Verbindungen, z. B. in foro – auf dem Forum
- den bloßen Ablativ, z. B. media nocte – mitten in der Nacht; bei der Übersetzung muss die passende Präposition ergänzt werden

Adverbiale	Prüf-Fragen	Beispiele (lat.)	(dt.)
des Ortes	Wo? Wohin? Woher?/Von wo?	ibi, multis locis in provinciam e Graecia	dort, an vielen Orten in die Provinz aus Griechenland
der Zeit	Wann?	nunc, proximo die, in dies	jetzt, am folgenden Tag, von Tag zu Tag
des Mittels	Womit?/Wodurch?	oculis, verbis acerbis, auxilio	mit den Augen, mit heftigen Worten, durch die Hilfe
der Art und Weise	Wie?/Auf welche Weise?	magna voce, hac ratione, bene, cum voluptate	mit lauter Stimme, auf diese Weise, gut, mit Vergnügen
des Grundes	Warum?/Weshalb?	mea sententia, timore, iussu	nach meiner Meinung, aus Furcht, auf Befehl

1 Unterstreiche in den Sätzen alle Prädikate und übersetze diese wörtlich.

1. Hercules dracones[1] duos manibus suis necavit. ____________________
2. Tu, Verres, simulacrum Cereris tollere audebas. ____________________
3. Habemus huius modi senatus consultum! ____________________
4. Is locus aberat a novis Pompei castris circiter passus quingentos[2]. ____________________
5. Rursus tempestate ad insulam est delatus. ____________________
6. In omnibus partibus incendia conspiciuntur. ____________________

[1]draco, -onis m.: die Schlange [2]circiter passus quingentos: ungefähr 500 Doppelschritte = ca. 750 m

2 Markiere Prädikat und Subjekt verschieden und übersetze beide zusammen.

1. Circa potione[1] data homines in feras bestias commutabat. ____________________
2. Ibi Ulixes cum matre est locutus de fine errationis[2] suae. ____________________
3. Paucis mensibus postea captum est oppidum cum ingenti praeda. ____________________

   ____
4. Hodie quid egisti? ____________________
5. Nunc a te librum meum cum adnotationibus[3] tuis exspecto. ____________________
6. Augebatur auxiliorum[4] cotidie spes. ____________________

[1]potio, -onis m.: der Trank [2]erratio, -onis m.: die Irrfahrt [3]adnotatio, -onis f.: die Anmerkung [4]auxilia, -orum n. Pl.: die Hilfstruppen

3 Schreibe über das Wort, das nicht übersetzt ist, seinen Kasus und ergänze die Übersetzung.

1. Caesar oppidum incendit, praedam militibus donavit.	1. Cäsar zündete ____________ an und schenkte ____________
2. Dixit aliquando mihi amicus: …	2. Einst sagte der Freund ____________: …
3. Duces Romanorum impetus barbarorum non sustinuerunt.	3. Die Anführer ____________ hielten die Angriffe ____________ nicht aus.
4. Heri amico epistulam brevem misi.	4. Gestern habe ich ____________ ____________ geschickt.
5. Sequuntur hostem milites.	5. Die Soldaten folgen ____________
6. Victor omnibus veniam petentibus pepercit.	6. Der Sieger verschonte ____________ ____________

4 **Unterstreiche in den Sätzen das Adverbiale/die Adverbialien und ergänze die Übersetzung.**

1. Senator diu in foro cum amicis ambulabat. Der Senator ging ______ mit seinen Freunden ______ spazieren.

2. Loquitur in concilio palam. ______ spricht man offen.

3. Galli omnes lingua, institutis, legibus inter se differunt. Die Gallier unterscheiden sich alle ______ voneinander.

4. Galli ad Caesarem omnibus copiis contenderunt. Die Gallier eilten ______ zu Caesar.

5. Mediam ad noctem a militibus maximo ardore pugnatum est. Von den Soldaten wurde ______ gekämpft.

6. Postero die consul ab urbe profectus est. ______ brach der Konsul ______ auf.

1–4 **a Übersetze mit Strategie:**
1. Unterstreiche das Prädikat/die Prädikate und übersetze es/sie.
2. Markiere das Subjekt und übersetze es zusammen mit dem Prädikat.
3. Schreibe über die übrigen Wörter den Kasus, frage und ergänze sinngemäß.

A. Sulla imperator Romam vi atque armis occupavit et consulem Marium ex urbe expulit.

1. ______ und ______

2. Wer? ______

3. Wen?/Was – Wem? – Wann/Wo? Womit? etc. *Wen/Was besetzte Sulla? Romam: Rom*

______

______

______

B. Aeneas cum paucis sociis ex oppido deleto fugit novamque patriam sibi quaesivit.

1. ______ und ______

2. Wer? ______

3. Wen?/Was – Wem? – Wann/Wo? Womit? etc. ______

______

______

______

b Übersetze mit Strategie: Klammere die bereits übersetzten Konstruktionen oder Nebensätze im lateinischen Satz ein und übersetze den Hauptsatz bzw. Kern des Satzes. Gehe dazu vor wie unter a.

A. Tunc Daedalus Minotauro labyrinthum[1] incognito[2] exitu fecit, in quo est conclusus.

1. ______________________ 2. Wer? ______________________

3. Wen?/Was – Wem? – Wann/Wo? Womit? etc.

____

____

____ in dem er eingeschlossen wurde.

[1]labyrinthus, -i m.: das Labyrinth [2]incognitus, -a, -um: unbekannt

B. Haec civitas magnas habet copias militum Rhenumque, ut supra demonstravimus, tangit.

1. ______________________ 2. Wer? ______________________

3. Wen?/Was – Wem? – Wann/Wo? Womit? etc.

____

____

____

wie wir oben dargelegt haben.

C. Pompeio occiso rex Ptolemaeus caput eius Caesari misit.

1. ______________________ 2. Wer? ______________________

3. Wen?/Was – Wem? – Wann/Wo? Womit? etc.

Nachdem Pompeius getötet worden war ______________________

____

____

D. Bellis toto orbe compositis Augustus portas aedis Iani sua manu clausit, quae bis tantum antea clausae fuerant.

1. ______________________ 2. Wer? ______________________

3. Wen?/Was – Wem? – Wann/Wo? Womit? etc.

Als die Kriege auf der ganzen Welt beendet worden waren ______________________

____

____

die vorher nur zweimal geschlossen gewesen waren.

Ich kann ...

1 ... Relativsätze im Satzgefüge erkennen und übersetzen.

1. Inter fines Helvetiorum et Allobrogum, qui nuper pacati erant, flumen Rhodanus fluit. – Zwischen dem Gebiet der Helvetier und Allobroger, *die vor kurzem besiegt worden waren*, floss die Rhone. 2. Nunc te patria, quae communis parens omnium nostrum est, odit ac metuit. – Nun hasst und fürchtet das Vaterland, *das die gemeinsame Mutter von uns allen ist*, dich. 3. Hac fama ad Treveros perlata Indutiomarus, qui postero die castra oppugnare decreverat, noctu profugit. – Nachdem das Gerücht zu den Treverern gelangt war, floh Indutiomarus, *der beschlossen hatte, das Lager am nächsten Tag anzugreifen*, in der Nacht.

▶ Relativsätze werden durch ein Relativ-Pronomen eingeleitet.
Das Relativ-Pronomen bezieht sich auf ein Wort (manchmal auch verallgemeinernd auf einen Sachverhalt) im übergeordneten Satz. Dieses Bezugswort steht meist direkt vor dem Relativsatz.
Das Relativ-Pronomen kongruiert mit dem Bezugswort in Numerus und Genus; der Kasus richtet sich danach, welche Funktion (z. B. Subjekt → Nominativ) es im Relativsatz hat.

2 ... indirekte Fragesätze erkennen und übersetzen.

1. Quid is ea nocte constituisset, edocui. – Ich habe dargelegt, was er in dieser Nacht beschlossen hatte.
2. Mercatores pronuntiant, quibus ex regionibus veniant quasque res ibi cognoverint. – Die Kaufleute verkünden, aus welchen Gebieten sie kämen und welche Dinge sie dort erfahren hätten. 3. Pater quaesivit a me, vellem-ne secum in castra proficisci. – Mein Vater fragte mich, ob ich mit ihm ins Lager gehen wolle.

▶ Indirekte Fragesätze werden durch Fragewörter, adjektivische Pronomina oder Fragepartikel eingeleitet.
Das Prädikat des indirekten Fragesatzes steht immer im Konjunktiv.
Auch im Deutschen wird bei indirekten Fragesätzen, wenn sie indirekte Rede enthalten, der Konjunktiv verwendet.

3 ... Subjunktionen und adverbiale Gliedsätze erkennen, übersetzen und bestimmen.

1. Is, ubi de Caesaris adventu cognovit, oppugnatione destitit. – Dieser hörte mit der Belagerung auf, sobald/als er von Cäsars Ankunft erfuhr. (temporal) 2. Diutius cum sustinere impetum non possent, se in montem receperunt. – Weil/Als sie dem Angriff nicht länger standhalten konnten, zogen sie sich auf den Berg zurück. (kausal/temporal)
3. Tantus subito timor omnem exercitum occupavit, ut non mediocriter omnium animos perturbaret. – Plötzlich ergriff so große Angst das ganze Heer, (so)dass sie die Gemüter aller nicht wenig verwirrte. (konsekutiv)

▶ Adverbiale Gliedsätze werden immer durch eine Subjunktion (unterordnende Konjunktion) eingeleitet.
Die meisten dieser Subjunktionen stehen mit Konjunktiv, einige aber mit Indikativ.
Bei Mehrdeutigkeit der Subjunktion (z. B. ut – dass, so dass, damit; cum – als, weil, obwohl) entscheidet der Textzusammenhang über die Sinnrichtung des Gliedsatzes.
Die häufigsten Sinnrichtungen adverbialer Gliedsätze sind:
temporal, kausal, final, Begehrsatz, konsekutiv, konzessiv, modal, konditional, Vergleich

4 ... Gliedsätze und Hauptsätze in Satzperioden unterscheiden.

1. Theseus, postquam Cretam venit, ab Ariadna est adamatus adeo, ut fratrem proderet. 2. Helvetii reliquos Gallos virtute praecedunt, quod fere cotidianis proeliis cum Germanis contendunt, cum aut suis finibus eos prohibent aut ipsi in eorum finibus bellum gerunt. 3. Accipite, si vultis, iudices, rem eius modi, ut eius furorem perspicere possitis.

▶ Gliedsätze (Relativsätze, indirekte Fragesätze und adverbiale Gliedsätze) erkennt man an:
1. die Gliedsätze einleitenden Wörtern (Relativ-Pronomina, Fragewörter, Subjunktionen),
2. der Zeichensetzung (Gliedsätze werden durch Kommas abgetrennt).
Bei Satzperioden können Gliedsätze ineinander verschachtelt sein. Hier muss man auf die richtige Zuordnung von Teilsätzen achten. In lateinischen Gliedsätzen steht das Prädikat oft am Ende, in deutschen Gliedsätzen immer.

1 **a Unterstreiche alle Relativ-Pronomina.**

quas – hunc – illi – eum – ii – cui – quem – quod – quid – eorum – istius – illum – eius – qui – cuius – quo – eo – id – ipsa – hoc – quibus – eis – eae – quidam – quam – quis – cur – quorum

b Streiche die Substantive durch, auf die sich das Relativ-Pronomen nicht bezieht.

civitatibus – reges – lex ← quas
naturam – caput – hostes ← qui
legionem – signa – animus ← quibus
patrem – exempla – aquis ← cui

c Übersetze mit Strategie:

1. **Unterstreiche den Relativsatz.**
2. **Zeichne einen Pfeil vom Relativ-Pronomen zum Bezugswort.**
3. **Übersetze zuerst den Hauptsatz.**
4. **Ergänze den Relativsatz.**

A. Templum Minervae est in insula, de qua ante dixi.

Hauptsatz: ______________________________

Relativsatz: ______________________________

B. Mittuntur etiam ad eas civitates legati, quae sunt finitimae Aquitaniae[1].

Hauptsatz: ______________________________

Relativsatz: ______________________________

C. Ulixes ad Laestrygones[2] venit, quorum rex naves eius confregit[3] excepta[4] nave, qua evasit in insulam Aenariam[5] ad Circam, quae homines in feras bestias commutabat.

Hauptsatz: ______________________________

Relativsatz 1: ______________________________

Relativsatz 2: ______________________________

Relativsatz 3: ______________________________

D. Caesar postero die T. Labienum[6] legatum cum eis legionibus, quas ex Britannia[7] reduxerat, in fines hostium, qui rebellionem[8] fecerant, misit.

Hauptsatz: ______________________________

____

Relativsatz 1: ______________________________

Relativsatz 2: ______________________________

[1]Aquitania: *Region im südlichen Gallien* [2]Laestrygones: die Laestrygonen *(Menschen fressende Riesen)* [3]confringere, -fringo, -fregi, -fractus: zerstören [4]excepta: *(hier)* ausgenommen, mit Ausnahme [5]insula Aenaria: die Insel Ischia [6]T. Labienus: Titus Labienus, Unterfeldherr in Cäsars Heer [7]Britannia: Britannien *(ungefähr das Gebiet des heutigen England und Wales)* [8]rebellio, -onis f.: der Aufstand

2 **a Unterstreiche alle Wörter, die einen indirekten Fragesatz einleiten können.**

nemo – cur – is – tum – eo – sic – tam – quid – tot – quod – nullus – quomodo – quis – quare – alius – idem – quando – quidam – hanc – iste – illud – num – ubi – qualis – sibi – unde – quam

b Unterstreiche den indirekten Fragesatz und ergänze die Übersetzung.

1. Sunt homines, qui id unum spectant, quomodo virtutem petant. Es gibt Menschen, die besonders dies eine im Blick haben, ______

2. Quid proxima nocte egeris, ubi fueris, quos homines convocaveris, quid consilii ceperis, quem nostrum ignorare arbitraris? Wer von uns – glaubst du – wüsste nicht, ______

______

______

3 **a Unterstreiche alle Subjunktionen, die einen adverbialen Gliedsatz einleiten.**

ut – id – post – ante – cum – autem – postquam – quia – ubi – ne – quae – sine – aut – et – quod – si – pro – rex – nisi – priusquam – quoniam – aliquando – ille – hic – date – res – dum – nunc

b Ordne die deutschen Subjunktionen einer Sinnrichtung zu.

damit – nachdem – als – falls – weil – da – sobald – obgleich – wie – sodass – wenn – dass – obwohl – bevor – da ... ja – auch wenn – während

temporal ______ Vergleich ______

kausal ______ konditional ______ konzessiv ______

final ______ konsekutiv ______ Begehr- ______

c Unterstreiche Subjunktion und Prädikat des Gliedsatzes, ergänze die Übersetzung und gib die Sinnrichtung des Gliedsatzes an.

1. Principes civitatum omnes hortatur, ut communis libertatis causa arma capiant. ______ um der gemeinsamen Freiheit willen ______ (______)

2. Ubi dies causae dicendae venit, tribuni prima luce in rostris consederunt. ______ der Tag der Verteidigung ______ die Tribunen ______ auf die Rednertribüne. (______)

3. Eadem nocte accidit, ut esset luna plena. ______ geschah es, ______ Vollmond herrschte. (______)

4. Hoc proelio facto, reliquas copias Helvetiorum ut consequi posset, Caesar pontem in Arari exstruxit. Nach dieser Schlacht baute Cäsar eine Brücke über den Fluss Arar, ______

______ (______)

4 **Zerlege die Satzperioden in Hauptsatz und Nebensätze und übersetze sie.**

1. Hercules, cum infans[1] esset, dracones[2] duos manibus suis necavit, quos Iuno miserat.

HS: ______

NS 1: ______ NS 2: ______

Übersetzung: ______

______

2. Ulixes, cum in patriam Ithacam rediret, tempestate ad Ciconas[3] est delatus, quorum oppidum expugnavit praedamque sociis distribuit[4].

HS: ______

NS 1: ______

NS 2: ______

______

Übersetzung: ______

______

______

______

3. Ubi ea[5] dies venit, hostes in oppidum concurrerunt civesque Romanos, qui negotiandi causa[6] ibi constiterant, interfecerunt bonaque[7] eorum diripuerunt.

HS: ______

______

NS 1: ______

NS 2: ______

Übersetzung: ______

______

______

______

[1]infans, -antis m./f.: das Kind [2]draco, -onis m.: die Schlange [3]Cicones, -um: die Kikonen *(Volk an der griechischen Küste)*
[4]distribuere, -tribuo, -tribui, -tributum: ver-/zuteilen [5]ea: *(hier)* der verabredete [6]negotiandi causa: um Handel zu treiben
[7]bona, -orum n. Pl.: Hab und Gut, Besitz

Ich kann …

1 … Konstruktionen in einem Text erkennen. ◯

1. moriturum esse 3. occultari 4. esse 5. intellegere, canere 6. adesse

▶ Strategie zum Übersetzen von Konstruktionen:
1. Text Satz für Satz lesen.
2. Infinitive, Partizipien und nd-Formen markieren.
3. Weitere Bestandteile der jeweiligen Konstruktion suchen und Klammern setzen.
4. Für die Konstruktion eine vorläufige Hilfsübersetzung anfertigen.
5. Übersetzung der Konstruktion in den Satz- und Textzusammenhang sinnvoll einfügen.

2 … Bestandteile einer Infinitiv-Konstruktion oder eines AcI erkennen. ◯

Satz	Verbform	bei AcI: Subjektsakkusativ	Infinitiv
1.	sciret	Achillem, filium suum	moriturum esse
3.	rescissent	eum	occultari
4.	negaret	illum	esse
5.	possent	–	intellegere
5.	iussit	tubicinem	canere
6.	arbitrans	hostem	adesse

▶ Infinitive hängen immer von einer Verbform, meist dem Prädikat, seltener einem Partizip, ab.
Strategie, sobald man einen Infinitiv im Satz erkannt hat:
a) Verbform, von der ein Infinitiv abhängen kann (z. B. posse, velle), suchen
b) Verbform, von der ein AcI abhängen kann, und inhaltlich zum Infinitiv passendes Nomen im Akk. suchen

3 … eine Hilfsübersetzung einer Infinitiv-Konstruktion und eines AcI anfertigen. ◯

1. er/sie wusste, dass Achill, sein/ihr Sohn, sterben werde 3. sie hatten erfahren, dass er sich verberge 4. er/sie sagte, dass jener nicht da sei 5. sie konnten erkennen; er/sie befahl, dass der Trompeter (in die Trompete) blasen solle 6. glaubend/in dem Glauben, dass der Feind da sei

▶ Hilfsübersetzung anfertigen:
1. Prädikat übersetzen (Person, Aktiv/Passiv, Tempus, Konjunktiv wie Indikativ behandeln)
2. bloße Infinitive: als Infinitiv ergänzen; AcI: Gliedsatz mit „dass" einleiten, Infinitiv wird Prädikat

4 … eine nd-Konstruktion und eine Konstruktion mit Partizip erkennen und übersetzen. ◯

nd: ad Troiam expugnandam – um Troia zu erobern; PPP: nomine mutato – nachdem der Name geändert worden war/mit verändertem Namen; PPA: Achilles … arbitrans – Achill … glaubend/glaubte/in dem Glauben

▶ **Strategie, sobald man eine nd-Form im Satz erkannt hat:**
a) nd-Form ohne Bezugswort → Gerundium: Klären, ob die nd-Form
– alleine steht (z. B. im Ablativ) oder
– mit einer Präposition (z. B. in, ad), Postposition (z. B. causa) oder
– von einem Nomen abhängt (z. B. spes)

Übersetzung: Auf den Kasus achten!

b) nd-Form mit Bezugswort → Gerundivum: Klären, ob die nd-Form
– Gerundivum-V ist, dann weiter wie bei Gerundium,
– zusammen mit einer Form von esse steht → Gerundivum-N

Gerundivum-V zusammen mit dem dazugehörigen Wort übersetzen!

Gerundivum-N mit „müssen", bei Verneinung mit „nicht dürfen" übersetzen!

Strategie, sobald man ein Partizip im Satz erkannt hat:
1. Substantiv oder Nomen als Bezugswort suchen (KNG-Kongruenz) und Pfeil setzen.
2. Um Konstruktion und Ergänzungen (oft zwischen Partizip und Bezugswort) Klammer setzen.

Übersetzungsmöglichkeiten:
PC: Partizip, Relativsatz, Gliedsatz, Beiordnung, präpositionale Verbindung
Abl. abs.: Gliedsatz, Beiordnung, präpositionale Verbindung

PPP → VZ und passivisch
PPA → GZ und aktivisch

1–4 a 1. Trage Infinitive, Partizipien und nd-Formen jeweils in die entsprechenden Kästchen ein.
2. Markiere die Konstruktionen im Satz durch Pfeile und Klammern nach der KÜS.
3. Übersetze den „Rest-Satz" mit Hilfe von SÜS und GÜS, fertige – falls erforderlich – eine Hilfsübersetzung der Konstruktionen auf einem extra Blatt und dann eine Übersetzung des ganzen Satzes an.

1. Polybo[1] occiso Oedipus magno dolore affectus est aestimans patrem suum obisse.

Infinitive	Partizipien	nd-Formen

Übersetzung ohne Konstruktionen: ______________________________

____

Übersetzung ganzer Satz: ______________________________

____

____

2. Aegeus[2] credens Theseum, filium suum, a Minotauro consumptum esse in mare se praecipitavit.

Infinitive	Partizipien	nd-Formen

Übersetzung ohne Konstruktionen: ______________________________

____

Übersetzung ganzer Satz: ______________________________

____

____

3. Hac oratione ab Diviciaco[3] habita omnes, qui aderant, auxilium a Caesare petere coeperunt.

Infinitive	Partizipien	nd-Formen

Übersetzung ohne Konstruktionen: ______________________________

____

Übersetzung ganzer Satz: ______________________________

____

____

4. His rebus adducti Helvetii constituerunt ea, quae ad proficiscendum pertinerent, comparare.

Infinitive	Partizipien	nd-Formen

Übersetzung ohne Konstruktionen: ____________________

____

Übersetzung ganzer Satz: ____________________

____

____

5. Hostes proelio superati statim legatos ad Caesarem miserunt, qui se obsides daturos esse polliciti sunt.

Infinitive	Partizipien	nd-Formen

Übersetzung ohne Konstruktionen: ____________________

____

Übersetzung ganzer Satz: ____________________

____

____

6. Germanico[4] bello confecto multis de causis Caesar statuit flumen Rhenum sibi transeundum esse.

Infinitive	Partizipien	nd-Formen

Übersetzung ohne Konstruktionen: ____________________

____

Übersetzung ganzer Satz: ____________________

____

____

[1]Polybus: *Adoptivvater des Ödipus* [2]Aegeus: *König von Athen* [3]Diviciacus: *Fürst eines gallischen Stammes* [4]Germanicus, -a, -um: germanisch, Germanen-

b 1. Unterstreiche Infinitive, Partizipien und nd-Formen in jedem Satz.
2. Beantworte die Fragen, kläre die Konstruktionen und markiere nach KÜS.
3. Übersetze den Text nach dem gleichen Muster wie bei a auf einem extra Blatt.
4. Informiere dich, wie diese Geschichte einer Freundschaft endet.

1. In Sicilia Moerus Dionysium, tyrannum crudelissimum, voluit interficere; quem satellites cum deprehendissent armatum, ad regem perduxerunt.	a) Ist Dionysium Subjektsakkusativ eines AcI oder Akkusativ-Objekt? ______ b) Wer ist mit quem gemeint? ______
2. Qui interrogatus respondit se regem voluisse interficere; quem rex iussit crucifigi.	a) Wörtliche Übersetzung des Partizips: mit dem deutschen Partizip I oder Partizip II? ______ b) Einer der Infinitive ist Infinitiv Passiv: ______
3. A quo Moerus petit tridui commeatum, ut sororem suam nuptui collocaret, et daret tyranno Selinuntium, amicum suum, qui sponderet eum tertio die venturum esse.	a) Von diesem Prädikat hängt ein AcI ab: ______ b) Subjektsakkusativ des AcI: amicum suum oder eum? ______
4. Cui rex indulsit commeatum ad sororem collocandam dicitque rex Selinuntio, nisi ad diem Moerus veniret, eum eandem poenam passurum esse.	a) Erkläre, warum sororem im Akkusativ steht. ______ b) Womit kann ad am besten übersetzt werden? „zu – danach – weil – um zu – wegen“
5. Moerus collocata sorore cum reverteretur, repente tempestate et pluvia orta flumen ita increvit, ut nec transiri nec transnatari posset.	Subjekt(e) des Hauptsatzes: ______ Subjekt(e) der Nebensätze: ______
6. Ad cuius ripam Moerus consedit et flere coepit, ne amicus pro se periret.	Subjekt(e) des Hauptsatzes: ______ Subjekt(e) des Nebensatzes: ______
7. Dionysius autem Selinuntium crucifigi cum iuberet, ideo quod horae sex tertii iam diei essent nec veniret Moerus, ei Selinuntius respondit diem adhuc non praeterisse.	a) Von diesen Prädikaten hängt ein AcI ab: ______ b) Infinitiv vorzeitig: ______ Infinitiv gleichzeitig: ______
8. Cumque iam horae novem essent, rex iubet duci Selinuntium in crucem.	Von diesem Prädikat hängt ein AcI ab: ______

Eigennamen: Sicilia, -ae f.: Sizilien Dionysius, -i m.: *Herrscher in Syrakus (Sizilien) im 4. Jh. v. Chr.* Moerus, -i m.: *ein Einwohner von Syrakus* Selinuntius, -i m.: *ein Einwohner von Syrakus, Freund des Moerus*

Vokabeln: satelles, -itis m.: der Diener crucifigere: kreuzigen tridui commeatus: ein Aufschub von drei Tagen nuptui collocare: verheiraten spondēre, -eo, spopondi, sponsum: bürgen indulgēre, -eo, -dulsi, -dultum: gewähren repente: plötzlich pluvia, -ae f.: der Regen increscere, -cresco, -crevi: anwachsen transnatare: schwimmen über, überqueren considere, -sido, -sedi: sich hinsetzen crux, crucis f.: das Kreuz

Ich kann …

1 … die Personen der Handlung an den Eigennamen erkennen. ○

Thetis, Achilles, Peleus, Lycomedes, Graeci, Ulixes

▶ Eigennamen von Personen und Orten erkennt man im Lateinischen an der Großschreibung.
Bei unbekannten Namen muss man klären, ob es sich um eine Person oder einen Ort handelt.

2 … dem Text Informationen über die Personen der Handlung entnehmen. ○

Thetis: Mutter des Achilles (filium suum), Achilles: Sohn von Thetis und Peleus (filium suum, ex Peleo), Peleus: Vater des Achilles (ex Peleo), Lycomedes: König (ad regem Lycomedem), Graeci: die Griechen, Ulixes: König von Ithaka (regem Ithacae)

▶ Wenn Personen in einem Text eingeführt werden, gibt es oft erklärende Hinweise zu ihnen, z. B. als Beifügung im gleichen Kasus (Apposition) oder in einem Relativsatz. Diese stehen meistens in unmittelbarer Nähe, in der Regel hinter dem Namen.

3 … die Orte der Handlung ermitteln. ○

in insulam Scyron ad Lycomedem regem – ibi – ad regem Lycomedem – apud se – in regia – in regio vestibulo
Die Handlung spielt auf der Insel Skyros, bei König Lycomedes, in dessen Königspalast.

▶ Eigennamen von Orten sind groß geschrieben und oft an erklärenden Ergänzungen wie insula, flumen, oppidum, urbs, provincia zu erkennen. Um Handlungen und Geschichten besser zu verstehen, kann man z. B. anhand einer Karte klären, wo die Orte der Handlung liegen.

4 … Handlungsschritte mithilfe der Satz- und der Gefüge-Übersetzungs-Strategie ermitteln. ○

1. Thetis … misit 2. ille … servabat 3. Graecorum duces … miserunt 4. Rex … fecit 5. Ulixes … posuit et … iussit 6. Achilles … dilaniavit atque … arripuit … est cognitus

▶ Bei kurzen einfachen Hauptsätzen halte dich an SÜS:
1. Suche das Prädikat/die Prädikate (alle Verbformen mit Person-Zeichen),
2. dann das Subjekt (alle Nomina im Nominativ oder im Person-Zeichen des Prädikats).
3. Übersetze diese beiden Bestandteile.

Bei Satzgefügen oder Satzperioden halte dich erst an GÜS, dann an SÜS:
1. Markiere alle Gliedsätze. Unterstreiche Subjunktion und Prädikat des Gliedsatzes.
2. Alle nicht markierten Teile bilden den Hauptsatz. Achtung: Der Hauptsatz kann durch mehrere Nebensätze zergliedert sein!
3. Für den Hauptsatz halte dich an SÜS.

5 … den Handlungskern umschreiben. ○

1. Thetis … schickte (Wen? Wohin?) ihn (eum) = Achill auf die Insel Skyros zu König Lycomedes (in … regem).
2. Jener (rettete) bewahrte (Wen? Wovor? Wo?) ihn (quem) unter seinen unverheirateten Töchtern (inter filias) auf.
3. Die Anführer der Griechen schickten … (Wen? Wohin?) Redner (oratores) zu König Lycomedes (ad regem Lycomedem). 4. Der König machte (Was? Wozu? Warum?) = gab ihnen die Möglichkeit (eis potestatem), dass … (ut), weil … (cum). 5. Odysseus legte/setzte/stellte (Wen/Was? Wohin?) weibliche Geschenke (munera feminea) = Geschenke für Frauen in die Vorhalle des Palastes (in regio vestibulo) und befahl (Wem? Was?) dem Trompeter, in die Trompete zu blasen (tubicinem canere). 6. Achill meint, dass (arbitrans: PPA) … zerriss (Wen/Was?) das Frauenkleid (vestem muliebrem) und riss (Wen/Was?) Schild und Lanze (clipeum et hastam) an sich; er ist erkannt worden.

▶
1. Subjekt und Prädikat bilden in der Regel die Kernaussage in einem Satz.
2. Vom Prädikat ausgehend ergeben sich weitere Fragen nach Objekten oder Umständen einer Handlung, z. B. „befehlen“: Wem? Was? – „suchen“: Wen? Wo? – „bitten“: Wen? Worum?
3. Wenn man den Satzkern (Subjekt und Prädikat) übersetzt hat, kann man durch gezieltes Weiterfragen Satzergänzungen suchen und den Satzkern sinnvoll ergänzen.
4. Die jeweils noch verbleibenden Wörter können gezielt geprüft und in den Sinn der Aussage eingefügt werden.

1–5 **a Gehe bei der Erschließung und Übersetzung der Sätze nach folgendem Verfahren vor:**

1. Unterstreiche im Satz zuerst alle Verbformen einfach und alle Prädikate doppelt.
2. Unterstreiche den Hauptsatz rot, Nebensätze schwarz und setze Konstruktionen in Klammern.
3. Kreuze dann die richtigen Kästchen in der Tabelle an und trage die entsprechenden Wörter aus dem Text als Beleg ein.
4. Übersetze zuerst den Hauptsatz, fertige dann Hilfsübersetzungen der Nebensätze und Konstruktionen an und füge alles passend zu einer Übersetzung zusammen.
Tipp: Vokabelhilfen zu diesem Text findest du auf S. 71 (= Selbsttest ÜS 3).

1. Thetis cum sciret Achillem, filium suum, quem ex Peleo habebat, si ad Troiam expugnandam isset, moriturum esse, misit eum in insulam Scyron ad Lycomedem regem.

	Hauptsatz				Nebensätze				Konstruktionen						
	Prädikate				Einleitungen				nd-Form		Infinitiv			Partizip	
Kreuze an →	1	2	3	4	0	1	2	3	Gerundium/ Gerundivum-V	Gerun- divum-N	Infinitiv	AcI	NcI	PC	Abl. abs.
Beleg															

Hauptsatz: ______________________________

Hilfsübersetzung: ______________________________

____

____

Übersetzung: ______________________________

____

____

2. Quem ille inter filias habitu femineo servabat nomine mutato.

	Hauptsatz				Nebensätze				Konstruktionen						
	Prädikate				Einleitungen				nd-Form		Infinitiv			Partizip	
Kreuze an →	1	2	3	4	0	1	2	3	Gerundium/ Gerundivum-V	Gerun- divum-N	Infinitiv	AcI	NcI	PC	Abl. abs.
Beleg															

Hauptsatz: ______________________________

____

Hilfsübersetzung: ______________________________

Übersetzung: ______________________________

____

3. Graecorum duces autem cum rescissent ibi eum occultari, ad regem Lycomedem oratores – inter eos Ulixem, regem Ithacae – miserunt, qui rogarent, ut eum adiutorium Graecis mitteret.

	Hauptsatz				Nebensätze				Konstruktionen						
	Prädikate				Einleitungen				nd-Form		Infinitiv			Partizip	
Kreuze an →	1	2	3	4	0	1	2	3	Gerundium/ Gerundivum-V	Gerun-divum-N	Infinitiv	AcI	NcI	PC	Abl. abs.
Beleg															

Hauptsatz:

Hilfsübersetzung:

Übersetzung:

4. Rex cum negaret illum apud se esse, potestatem eis fecit, ut in regia quaererent.

	Hauptsatz				Nebensätze				Konstruktionen						
	Prädikate				Einleitungen				nd-Form		Infinitiv			Partizip	
Kreuze an →	1	2	3	4	0	1	2	3	Gerundium/ Gerundivum-V	Gerun-divum-N	Infinitiv	AcI	NcI	PC	Abl. abs.
Beleg															

Hauptsatz:

Hilfsübersetzung:

Übersetzung:

5. Qui cum intellegere non possent, quis esset earum, Ulixes in regio vestibulo munera feminea, in quibus clipeum et hastam, posuit et subito tubicinem iussit canere.

	Hauptsatz				Nebensätze				Konstruktionen						
	Prädikate				Einleitungen				nd-Form		Infinitiv			Partizip	
Kreuze an →	1	2	3	4	0	1	2	3	Gerundium/ Gerundivum-V	Gerundivum-N	Infinitiv	AcI	NcI	PC	Abl. abs.
Beleg															

Hauptsatz: ____________________

____

____

Hilfsübersetzung: ____________________

____

Übersetzung: ____________________

____

____

____

6. Achilles hostem arbitrans adesse vestem muliebrem dilaniavit atque clipeum et hastam arripuit; ex hoc est cognitus.

	Hauptsatz				Nebensätze				Konstruktionen						
	Prädikate				Einleitungen				nd-Form		Infinitiv			Partizip	
Kreuze an →	1	2	3	4	0	1	2	3	Gerundium/ Gerundivum-V	Gerundivum-N	Infinitiv	AcI	NcI	PC	Abl. abs.
Beleg															

Hauptsatz: ____________________

____

Hilfsübersetzung: ____________________

Übersetzung: ____________________

____

____

b Erschließe den Text mithilfe der TÜS.

1. Scipio oppugnabat Carthaginem Novam, oppidum in Hispania situm, moenibus defensoribusque munitum. 2. Nulla eius potiendi[1] spes erat. 3. Quodam die in castris sedens ius dicebat[2]; atque ex eo loco id oppidum procul videbatur. 4. Tum unus e militibus, qui in iure apud eum stabant, interrogavit, in quem diem locumque proximum vadimonium constitueret[3]. 5. Scipio manum ad oppidum, quod obsidebatur, protendens[4] „perendie[5]", inquit, „se sistant[6] illo in loco." 6. Atque ita factum est: Die tertio oppidum captum est; eodemque die in eo oppido ius dixit[2].

(nach Gellius, Noctes Atticae 6, 1, 8–11)

1. Schreibe alle Eigennamen heraus und kläre, ob es sich um Personen oder Orte handelt.

___

___

Wo spielt die Geschichte vermutlich? ___ Wer ist die Hauptperson? ___

2. Kläre die Handlungsschritte, indem du mithilfe der SÜS und GÜS aus den Hauptsätzen Subjekt und Prädikat herausschreibst. (Ergänze das Subjekt, wenn es im Prädikat „steckt".)

1. ___ 2. ___

3. ___; ___

4. ___ 5. ___;

___ 6. ___:

___; ___

3. Gib zu jedem Satz den Kern der Handlung in Umschreibung auf Deutsch an. (Übersetze Subjekt und Prädikat und suche nach einfachen Ergänzungen wie Objekten oder Ortsangaben.)

1. ___

2. ___

3. ___

___

4. ___

5. ___

___

6. ___

___

Nimm diese Hinweise erst zu Hilfe, nachdem du deine eigenen Überlegungen angestellt hast:

[1]potiri, potior, potitus sum *(+ Gen.)*: sich bemächtigen, einnehmen, erobern [2]ius dicere: Recht sprechen, über Rechtsstreitigkeiten entscheiden [3]vadimonium constituere: den Gerichtstermin festsetzen [4]protendere: ausstrecken [5]perendie: am übernächsten Tag, übermorgen [6]se sistere: sich aufstellen, sich einfinden

c Gehe bei der Erschließung und Übersetzung der Sätze nach dem unter a beschriebenen Verfahren vor.

1. Scipio oppugnabat Carthaginem Novam, oppidum in Hispania situm, moenibus defensoribusque munitum.

	Hauptsatz				**Nebensätze**				**Konstruktionen**						
	Prädikate				**Einleitungen**				**nd-Form**		**Infinitiv**			**Partizip**	
Kreuze an →	**1**	**2**	**3**	**4**	**0**	**1**	**2**	**3**	**Gerundium/ Gerundivum-V**	**Gerun-divum-N**	**Infinitiv**	**AcI**	**NcI**	**PC**	**Abl. abs.**
Beleg															

Hauptsatz: ______________________________

Hilfsübersetzung: ______________________________

____

Übersetzung: ______________________________

____

2. Nulla eius potiendi spes erat.

	Hauptsatz				**Nebensätze**				**Konstruktionen**						
	Prädikate				**Einleitungen**				**nd-Form**		**Infinitiv**			**Partizip**	
Kreuze an →	**1**	**2**	**3**	**4**	**0**	**1**	**2**	**3**	**Gerundium/ Gerundivum-V**	**Gerun-divum-N**	**Infinitiv**	**AcI**	**NcI**	**PC**	**Abl. abs.**
Beleg															

Hauptsatz: ______________________________

Hilfsübersetzung: ______________________________

Übersetzung: ______________________________

3. Quodam die in castris sedens ius dicebat; atque ex eo loco id oppidum procul videbatur.

	Hauptsatz				Nebensätze				Konstruktionen						
	Prädikate				Einleitungen				nd-Form		Infinitiv			Partizip	
Kreuze an →	1	2	3	4	0	1	2	3	Gerundium/ Gerundivum-V	Gerun-divum-N	Infinitiv	AcI	NcI	PC	Abl. abs.
Beleg															

Hauptsatz:

Hilfsübersetzung:

Übersetzung:

4. Tum unus e militibus, qui in iure apud eum stabant, interrogavit, in quem diem locumque proximum vadimonium constitueret.

	Hauptsatz				Nebensätze				Konstruktionen						
	Prädikate				Einleitungen				nd-Form		Infinitiv			Partizip	
Kreuze an →	1	2	3	4	0	1	2	3	Gerundium/ Gerundivum-V	Gerun-divum-N	Infinitiv	AcI	NcI	PC	Abl. abs.
Beleg															

Hauptsatz:

Hilfsübersetzung:

Übersetzung:

5. Scipio manum ad oppidum, quod obsidebatur, protendens „perendie“, inquit, „se sistant illo in loco.“

	Hauptsatz				Nebensätze				Konstruktionen						
	Prädikate				Einleitungen				nd-Form		Infinitiv			Partizip	
Kreuze an →	1	2	3	4	0	1	2	3	Gerundium/ Gerundivum-V	Gerun- divum-N	Infinitiv	AcI	NcI	PC	Abl. abs.
Beleg															

Hauptsatz: ____________________

____

Hilfsübersetzung: ____________________

____

Übersetzung: ____________________

____

____

6. Atque ita factum est: Die tertio oppidum captum est; eodemque die in eo oppido ius dixit.

	Hauptsatz				Nebensätze				Konstruktionen						
	Prädikate				Einleitungen				nd-Form		Infinitiv			Partizip	
Kreuze an →	1	2	3	4	0	1	2	3	Gerundium/ Gerundivum-V	Gerun- divum-N	Infinitiv	AcI	NcI	PC	Abl. abs.
Beleg															

Übersetzung: ____________________

____

____

V1 Verbformen im Indikativ Aktiv **erkennen und übersetzen**

1 nuntiant: nuntiare, nuntio → nuntia-; currimus: currere, curro → curr-; ducebat: ducere, duco → duc-; audiverunt: audire, audio → audi-; capitis: capere, capio → capi-; legunt: legere, lego → leg-

2a

1. Sg.	2. Sg.	3. Sg.	1. Pl.	2. Pl.	3. Pl.
-o/-m	-s	-t	-mus	-tis	-nt

b emimus – 1. Pl. wir; putant – 3. Pl. sie; gero – 1. Sg. ich; exspectabitis – 2. Pl. ihr; ponit – 3. Sg. er/sie/es; debebam – 1. Sg. ich; fugiam – 1. Sg. ich; feceras – 2. Sg. du; nuntiabis – 2. Sg. du

3 dic|*i*|mus – time|s – faci|o – mitt|*u*|nt – pon|*i*|t – ama|tis

Durch Rückführen auf die Lernform erkennst du, ob es sich um eine Verbform handelt.

4a defendebamus – servabam – fugiebatis – habebat – agebant – debebas – nesciebant

b debebamus – wir mussten; stabat – er/sie/es stand; respondebas – du antwortetest; accipiebam – ich empfing; credebant – sie glaubten; putabatis – ihr glaubtet

5a putabit – tenebitis – occupabunt – nuntiabimus – sustinebo – respondebis – exspectabo

b dices – condemus – audient – mittam – capietis – perveniam – facient – sentiet

c habemus: habere, habeo → e-Konj. → Präsens – wir haben; scribetis: scribere, scribo → Kons. Konj. → Futur I – ihr werdet schreiben; facietis: facere, facio → Kurzvok. i-Konj. → Futur I – ihr werdet machen; pellent: pellere, pello → Kons. Konj. → Futur I – sie werden stoßen

d videbo – ich werde sehen; orabit – er/sie/es wird bitten; senties – du wirst fühlen; reddam – ich werde zurückgeben; manebimus – wir werden bleiben; leget – er/sie/es wird lesen

e nuntiabit – er/sie wird melden; respondebunt – sie werden antworten; audietis – ihr werdet hören; mittent – sie werden schicken; habebis – du wirst haben; putabo – ich werde glauben; dicam – ich werde sagen; cupies – du wirst wünschen; quaeremus – wir werden suchen; recipiam – ich werde aufnehmen

6 invenire, invenio, inveni, inventum → inven-; habere, habeo, habui, habitum → habu-; relinquere, relinquo, reliqui, relictum → reliqu-; dare, do, dedi, datum → ded-; cupere, cupio, cupivi, cupitum → cupiv-

7a

1. Sg.	2. Sg.	3. Sg.	1. Pl.	2. Pl.	3. Pl.
-i	-isti	-it	-imus	-istis	-erunt

b misi – 1. Sg. ich; moverunt – 3. Pl. sie; iussistis – 2. Pl. ihr; duximus – 1. Pl. wir; exspectavit – 3. Sg. er/sie/es; tenuit – 3. Sg. er/sie/es

c oppugnaverunt – sie haben angegriffen; mansi – ich bin geblieben; cognovimus – wir haben erkannt; coluistis – ihr habt verehrt

8 amiseratis – ihr hattet verloren; reliquerant – sie hatten zurückgelassen; moverat – er/sie/es hatte bewegt; cucurreram – ich war gelaufen

9 scripserit – er/sie/es wird geschrieben haben; viderimus – wir werden gesehen haben; cognoveris – du wirst erkannt haben; emero – ich werde gekauft haben

10 scribimus – wir schreiben; rogas – du fragst; audio – ich höre; timebam – ich fürchtete; consistebant – sie blieben stehen; putabat – er/sie/es glaubte; manebis – du wirst bleiben; vivent – sie werden leben; traham – ich werde ziehen; misistis – ihr habt geschickt; tradiderunt – sie haben überliefert; cognovi – ich habe erkannt; dixeramus – wir hatten gesagt; rogaverat – er/sie/es hatte gefragt; videram – ich hatte gesehen; senserit – er/sie/es wird gemerkt haben; reliquerint – sie werden verlassen haben; laudavero – ich werde gelobt haben

V2 Verbformen im Indikativ Passiv **erkennen und übersetzen**

1 nuntiatur: nuntiare, nuntio → nuntia-; movebuntur: movere, moveo → move-; trahimur: trahere, traho → trah-; laudabaris: laudare, laudo → lauda-; audiuntur: audire, audio → audi-; capiemini: capere, capio → capi-

2a

1. Sg.	2. Sg.	3. Sg.	1. Pl.	2. Pl.	3. Pl.
-or/-r	-ris	-tur	-mur	-mini	-ntur

b rogantur – 3. Pl. sie; vocor – 1 Sg. ich; ponitur – 3. Sg. er/sie/es; exspectabimini – 2. Pl. ihr; amaris – 2. Sg. du; laudabamur – 1. Pl. wir

3 tene|ris – rapi|or – mitt|*i*|mur – pon|*u*|ntur – ama|mini

4a defendebamini – servabaris – cogebamur – postulabatur – agebantur – interrogabar

b nuntiabatur – es wurde gemeldet; amabaris – du wurdest geliebt; laudabantur – sie wurden gelobt; defendebamur – wir wurden verteidigt

5a rogabitur – tenebimini – occupabuntur – servabor – timebimur – movebitur – laudaberis

b duceris – condetur – audientur – mittar – capiemini – trahemur – cogar – invenietur

c nuntiabitur – es wird gemeldet werden; servabimini – ihr werdet gerettet werden; mittemur – wir werden geschickt werden; vincentur – sie werden besiegt werden; rogabuntur – sie werden gefragt werden; ducar – ich werde geführt werden

d movemur: movere, moveo → e-Konj. → Präsens – wir werden bewegt; cogemini: cogere, cogo → Kons. Konj. → Futur I – ihr werdet gezwungen werden; tenetur: tenere, teneo → e-Konj. → Präsens – er/sie/es wird gehalten; defendentur: defendere, defendo → Kons. Konj. → Futur I – sie werden verteidigt werden; prohibemur: prohibere, prohibeo → e-Konj. → Präsens – wir werden gehindert

e rogabor – ich werde gefragt werden; orabitur – er/sie/es wird gebeten werden; audieris – du wirst gehört werden; ducar – ich werde geführt werden; trahentur – sie werden gezogen werden

6 missus sum: 1. Sg. – ich bin geschickt worden; moti sunt: 3. Pl. – sie sind bewegt worden; ducta est: 3. Sg. (f.) – sie ist geführt worden; laudati sumus: 1. Pl. – wir sind gelobt worden; coactus es: 2. Sg. – du bist gezwungen worden

7 missus eram: 1. Sg. – ich war geschickt worden; servatus eras: 2. Sg. – du warst gerettet worden; parata erant: 3. Pl. (n.) – sie waren bereitet worden; ducti eratis: 2. Pl. – ihr wart geführt worden; laudati eramus: 1. Pl. – wir waren gelobt worden; scriptum erat: 3. Sg. (n.) – es war geschrieben worden

8 missus ero: 1. Sg. – ich werde geschickt worden sein; servati eritis: 2. Pl. – ihr werdet gerettet worden sein; auditae erunt: 3. Pl. – sie werden gehört worden sein; rogatus eris: 2. Sg. – du wirst gefragt worden sein; relicti erimus: 1. Pl. – wir werden zurückgelassen worden sein

9 quaerimur – wir werden gesucht; rogaris – du wirst gefragt; mittor – ich werde geschickt; timebamini – ihr wurdet gefürchtet; cogebantur – sie wurden gezwungen; orabaris – du wurdest gebeten; movebuntur – sie werden bewegt werden; vincemur – wir werden besiegt werden; trahetur – er/sie/es wird gezogen werden; inventi estis – ihr seid gefunden worden; tradita sunt – sie sind übergeben worden; vocata sum – ich bin gerufen worden; victi eramus – wir waren besiegt worden; missus erat – er war geschickt worden; relicta eras – du warst zurückgelassen worden; auditae eritis – ihr werdet gehört worden sein; servatus eris – du wirst gerettet worden sein; laudati erimus – wir werden gelobt worden sein

1–9 quaerimur: 1. Pl. Präs. – wir werden gesucht; moti erant: 3. Pl. Plqupf. – sie waren bewegt worden; rogabitur: 3. Sg. Fut. I – er/sie/es wird gefragt werden; nuntiatum est: 3. Sg. Perf. (n.) – es ist gemeldet worden; prohibebantur: 3. Pl. Imperf. – sie wurden gehindert; vinceris: 2. Sg. Präs./Fut. I – du wirst besiegt/du wirst besiegt werden; interrogatus sum: 1. Sg. Perf. – ich bin gefragt worden; relinquimini: 2. Pl. Präs. – ihr werdet zurückgelassen; coacti sunt: 3. Pl. Perf. – sie sind gezwungen worden

V3 Verbformen im Konjunktiv **erkennen und übersetzen**

1 A

a rapiat – videamus – dubites – credatis – fugiam – iubeant – postulemus – iudicent – condas

b audit: audi + a + t → audiat; ducimur: duc + a + mur → ducamur; movetis: move + a + tis → moveatis; capio: capi + a + m → capiam; nuntiatur: nuntia + e + tur → nuntietur; nesciunt: nesci + a + nt → nesciant; prohibemini: prohibe + a + mini → prohibeamini

c

Verbform	Infinitiv	1. Sg.	Konjugation	Modus/Tempus
tenetis	tenere	teneo	e-Konj.	Indikativ Präsens
audient	audire	audio	i-Konj.	Futur I
fugies	fugere	fugio	Kurzvok. i-Konj.	Futur I
discedet	discedere	discedo	Kons. Konj.	Futur I
spectemus	spectare	specto	a-Konj.	Konjunktiv Präsens
vocentur	vocare	voco	a-Konj.	Konjunktiv Präsens

1 B

a defenderent – ageretur – deberet – haberes – servarent – starem – cogeres – videretur – mitterer

b nuntiaretur; audires; iuberent; defenderer; starent; faceretis

1 C

Den Perfektstamm findest du in den Stammformen.

a receperis – viderint – servaverim – cucurrerimus – legeritis – gesserit – timuerimus – egerit

b debere – debu-eri-t; petere – petiv-eri-t; tradere – tradid-eri-t; venire – ven-eri-t; ponere – posu-eri-t

c

1. Sg.	2. Sg.	3. Sg.	1. Pl.	2. Pl.	3. Pl.
sim	sis	sit	simus	sitis	sint

d ductae estis – ihr seid geführt worden → ductae sitis; laudati sumus – wir sind gelobt worden → laudati simus; victa es – du bist besiegt worden → victa sis; captus sum – ich bin gefangen worden → captus sim

1 D

a cepisses – vicissent – occupavissem – cucurrissemus – duxissetis – sumpsisset – iussissem

b habere – habu-isse-nt; cupere – cupiv-isse-nt; stare – stet-isse-nt; colere – colu-isse-nt; interficere – interfec-isse-nt

c

1. Sg.	2. Sg.	3. Sg.	1. Pl.	2. Pl.	3. Pl.
essem	esses	esset	essemus	essetis	essent

d servatus eras – du warst gerettet worden → servatus esses; missae eramus – wir waren geschickt worden → missae essemus; interfecti erant – sie waren getötet worden → interfecti essent

2 1. Hortativ: Lasst uns das Buch lesen! 2. Optativ: Die Boten mögen antworten!/Iussiv: Die Boten sollen antworten! 3. Potentialis: Irgendwer dürfte kommen. 4. Prohibitiv: Verlasst die Freunde nicht! 5. Optativ: Die Spiele mögen beginnen! 6. Deliberativ: Was soll ich antworten? 7. Hortativ: Lasst uns bitten! 8. Prohibitiv: Mach das nicht!

3a 1. Ich bitte die Freunde, dass sie mich verteidigen/mich zu verteidigen. (Begehr-) 2. Das Pferd läuft so schnell, (so)dass niemand es fangen kann. (konsekutiv) 3. Die Menschen verlassen die Stadt, damit sie nicht von den Feinden gefangen werden. (final) 4. Die Römer verehrten die Götter, damit sie/diese (ihnen) helfen. (final)

b 1. cur – Ich weiß nicht, warum du keinen Brief geschrieben hast. 2. quid – Sagt, was ihr wisst. 3. quas – Wir haben den Freund gefragt, welche Städte er kennengelernt habe.

4a 1. Als die Menschen die Feinde sahen, ergriffen sie sofort die Flucht. (temporal) 2. Weil das Pferd so schnell lief, ist es nicht (ein)gefangen worden/konnte es nicht (ein)gefangen werden. (kausal) 3. Obwohl die Sklavin gut gearbeitet hatte, wurde sie nicht gelobt. (konzessiv)

b 1. Wenn die Feinde die Stadt eingenommen hätten, hätten sie die Tempel zerstört. (Irrealis der Vergangenheit) 2. Der Sklave würde gelobt (werden), wenn er gut arbeiten würde. (Irrealis der Gegenwart) 3. Wenn ich den Freund nicht verteidigt hätte, wäre er gefangen worden. (Irrealis der Vergangenheit)

V4 Imperative, Infinitive und Partizipien **erkennen und übersetzen**

1a trahe – finite – senti – postula

b

	Präsensstamm	Imperativ Singular		Imperativ Plural	
manere, maneo	mane-	mane!	bleibe!	manete!	bleibt!
vivere, vivo	viv-	vive!	lebe!	vivite!	lebt!
venire, venio	ven-	veni!	komm!	venite!	kommt!
capere, capio	cap(i)-	cape!	nimm!	capite!	nehmt!

2 1. fugite – Flieht aus der Stadt! 2. audi – Erhöre mich, Göttin! 3. vincite – Besiegt die Feinde! 4. trahite – Zieht das Pferd in die Stadt! 5. defende – Verteidige das Lager!

3 Inf. Akt.: dicere – servare – credere – videre – stare; Inf. Pass.: timeri – vinci – poni – accipi – audiri – parari

4 a defendisse – servavisse – fugisse – fuisse – egisse

b

Inf. Präs. Aktiv	Stammformen	Perfektstamm	Inf. Perf. Aktiv
colere	colo, colui, cultum	colu-	coluisse
dicere	dico, dixi, dictum	dix-	dixisse
laudare	laudo, laudavi, laudatum	laudav-	laudavisse
iubere	iubeo, iussi, iussum	iuss-	iussisse
pervenire	pervenio, perveni, perventum	perven-	pervenisse

c

Inf. Präs. Aktiv	Stammformen	Inf. Perf. Passiv (PPP + esse)
agere	ago, egi, actum	actum esse
scribere	scribo, scripsi, scriptum	scriptum esse
premere	premo, pressi, pressum	pressum esse
servare	servo, servavi, servatum	servatum esse
videre	video, vidi, visum	visum esse

d narraturos esse – traditura esse – interfecturos esse

e

Inf. Präs. Aktiv	Stammformen	Stamm des PPP + -ur-	Inf. Fut. Aktiv
condere	condo, condidi, conditum	condit-ur-	conditurum esse
prohibere	prohibeo, prohibui, prohibitum	prohibit-ur-	prohibiturum esse
eripere	eripio, eripui, ereptum	erept-ur-	erepturum esse
reperire	reperio, repperi, repertum	repert-ur-	reperturum esse

5 1. timeri – Die Soldaten wollen gefürchtet werden. 2. victum esse – Es macht keine Freude, besiegt worden zu sein. 3. dixisse – Es gefällt, die Wahrheit gesagt zu haben. 4. relinqui – Ich will von meinen Freunden nicht verlassen werden.

6

dicentes	dicens, dicentis	dicere
petentes	petens, petentis	petere
legentibus	legens, legentis	legere
dante	dans, dantis	dare

7

acto	actus, -a, -um	agere
rogati	rogatus, -a, -um	rogare
sensum	sensus, -a, -um	sentire
datum	datus, -a, -um	dare

8

missurum	missurus, -a, -um	mittere
venturum	venturus, -a, -um	venire
capturos	capturus, -a, -um	capere
dicturum	dicturus, -a, -um	dicere

6–8

moventes	PPA von movere	Nom./Akk. Pl. m./f.
coactum	PPP von cogere	Akk. Sg. m./n., Nom. Sg. n.
rogaturos	PFA von rogare	Akk. Pl. m.
timentibus	PPA von timere	Dat./Abl. Pl. m./f./n.
interrogaturi	PFA von interrogare	Nom. Pl. m., Gen. Sg. m./n.

9 raptus – geraubt; cupiens – wünschend; amans – liebend; auditum – gehört; tenens – haltend; nuntiatum – gemeldet; orans – betend; sentiens – fühlend; positus – gesetzt

V5 Formen unregelmäßiger Verben **erkennen und übersetzen**

1

	Präsens		Imperfekt		Futur I
	Indikativ	Konjunktiv	Indikativ	Konjunktiv	
1. Sg.	sum	sim	eram	***essem***	***ero***
2. Sg.	***es***	***sis***	eras	esses	eris
3. Sg.	est	sit	erat	esset	***erit***
1. Pl.	sumus	simus	eramus	essemus	erimus
2. Pl.	estis	sitis	***eratis***	essetis	eritis
3. Pl.	sunt	sint	erant	essent	erunt
	Perfekt		**Plusquamperfekt**		**Futur II**
	Indikativ	Konjunktiv	Indikativ	Konjunktiv	
1. Sg.	fui	***fuerim***	fueram	fuissem	***fuero***
2. Sg.	***fuisti***	fueris	fueras	***fuisses***	fueris
3. Sg.	fuit	fuerit	***fuerat***	fuisset	fuerit
1. Pl.	fuimus	fuerimus	fueramus	fuissemus	fuerimus
2. Pl.	fuistis	fueritis	fueratis	fuissetis	fueritis
3. Pl.	fuerunt	fuerint	fuerant	fuissent	fuerint

2a potuistis – ihr habt gekonnt; possunt – sie können; poterat – er/sie/es konnte; potuimus – wir haben gekonnt; possum – ich kann; potueratis – ihr hattet gekonnt

b posses – possimus – potuissem – potuerim – possit

3a

	1. Sg.	2. Sg.	3. Sg.	1. Pl.	2. Pl.	3. Pl.
Präs.	eo	is	it	imus	itis	eunt
Perf.	ii	isti	iit	iimus	istis	ierunt

b

Indikativ				Konjunktiv			
Imperf.	Fut. I	Plqupf.	Fut. II	Präs.	Imperf.	Perf.	Plqupf.
ibant	ibimus	ieramus	ieritis	eant	iret	ierim -	isset

4a exire – herausgehen; transire – hinübergehen; perire – zugrunde gehen; redire – zurückgehen; inire – hineingehen, beginnen; abire – weggehen

b exibant: Imperf. – sie gingen heraus; peris: Präs. – du gehst zugrunde; inibimus: Fut. I – wir werden hineingehen; transierant: Plqupf. – sie waren hinübergegangen; redistis: Perf. – ihr seid zurückgegangen; initum est: Perf. – es ist begonnen worden

5a

Präs.	1. Sg.	2. Sg.	3. Sg.	1. Pl.	2. Pl.	3. Pl.
velle	volo	vis	vult	*volumus*	vultis	volunt
nolle	nolo	non vis	non vult	nolumus	non vultis	nolunt

b

	Präsens-stamm	Perfekt-stamm	Tempus-/Modus-Zeichen	Person-Zeichen	Übersetzung
noluerant		nolu-	-era-	-nt	sie hatten nicht gewollt
volebamus	vol-		-eba-	-mus	wir wollten
voletis	vol-		-e-	-tis	ihr werdet wollen
noluit		nolu-		-it	ihr habt nicht gewollt

c voluerim – vellem – nolit – velint – nolles – noluisset

6a Ind. Präs. Akt.: fers; Ind. Plqupf. Akt.: tuleram; Ind. Perf. Pass.: lati sumus; Fut. I Pass.: feremini

b ferrentur – tulerimus – feras – tulissem – lati essent

7a differre – aufschieben, unterscheiden; conferre – zusammentragen, -bringen; referre – zurückbringen, berichten; efferre – heraustragen, herausheben; inferre – hineintragen, zufügen; afferre – herbeibringen, melden

b rettulit: 3. Sg. Ind. Perf. Akt. – er/sie hat berichtet; differtur: 3. Sg. Ind. Präs. Pass. – es wird aufgeschoben/es unterscheidet sich; illatum est: 3. Sg. Ind. Perf. Pass. – es ist hineingetragen worden; conferetis: 2. Pl. Fut. I Akt. – ihr werdet zusammentragen

8–9

	Stammformen	?	Übersetzung
movebantur	movere, moveo, movi, motum	V	sie wurden bewegt
sequebantur	sequi, sequor, secutus sum	D	sie verfolgten
locuti sumus	loqui, loquor, locutus sum	D	wir haben gesagt
relicti sunt	relinquere, relinquo, reliqui, relictum	V	sie sind verlassen worden
ausus eras	audere, audeo, ausus sum	SD	du hattest gewagt
pollicebor	polliceri, polliceor, pollicitus sum	D	ich werde versprechen
profectus est	proficisci, proficiscor, profectus sum	D	er ist aufgebrochen
conabatur	conari, conor, conatus sum	D	er/sie versuchte
soliti erant	solere, soleo, solitus sum	SD	sie waren gewohnt gewesen
cogitur	cogere, cogo, coegi, coactum	V	er/sie/es wird gezwungen

N1 Substantivformen **erkennen und bestimmen**

1 a/b

a-Dekl.	o-Dekl.		Kons. Dekl.		u-Dekl.	e-Dekl.
f.	m.	n.	m./f.	n.	m.	f.
iniuria, -ae cura, -ae	annus, -i deus, dei	signum, -i bellum, -i	mons, montis iudex, -icis	tempus, -oris ius, iuris	metus, -us casus, -us	spes, spei dies, diei

c ducibus – dux, ducis (Kons. Dekl.); fines – finis, finis (Kons. Dekl.); navium – navis, navis (Kons. Dekl.); pericula – periculum, periculi (o-Dekl.); famae – fama, famae (a-Dekl.); principe – princeps, principis (Kons. Dekl.); rebus – res, rei (e-Dekl.); auxilio – auxilium, auxilii (o-Dekl.); militem – miles, militis (Kons. Dekl.); fidem – fides, fidei (e-Dekl.); corpora – corpus, corporis (Kons. Dekl.); senatum – senatus, senatus (u-Dekl.); impetu – impetus, impetus (u-Dekl.)

2a tempora – victoriae – agri – res – cives – montes – exercitus – templa

b verbum – verba; princeps – principes; deus – dei; vir – viri; res – res; lacrima – lacrimae; manus – manus; corpus – corpora

3a ordinis – pueri – impetus – frumenti – fugae – rei – montis – populi – usus – iuris

b filia – filiae; eques – equitis; dies – diei; mos – moris; flumen – fluminis; gens – gentis; adventus – adventus; animus – animi

4a capitum – patrum – manuum – locorum – servarum – temporum – periculorum – montium – dierum – filiarum

b res – rerum; homo – hominum; oppidum – oppidorum; filia – filiarum; corpus – corporum; casus – casuum

5a duci – caelo – praesidio – memoriae – casui – spei – exemplo – iudici – usui – fugae – socio

b acies – aciei; caput – capiti; bellum – bello; pax – paci; vir – viro; senatus – senatui; patria – patriae; annus – anno

6a manibus – iniuriis – urbibus – populis – diebus – deis – armis – temporibus – exercitibus

b manus – manibus; pes – pedibus; res – rebus; crimen – criminibus; signum – signis; uxor – uxoribus; amicus – amicis; regio – regionibus

7a curam – locum – potestatem – mensem – aciem – causam – opem

b ager – agrum; nomen – nomen; imperium – imperium; fama – famam; impetus – impetum; religio – religionem; fides – fidem; annus – annum

8 a servos – res – tempora – legatos – fines – cives – castra – deas – exercitus – acies

b oppidum – oppida; lex – leges; dea – deas; puer – pueros; dies – dies; terra – terras; opus – opera; exercitus – exercitus

9 a pace – loco – oratione – casu – uxore – exercitu – anno – scelere – itinere – spe – pede

b pars – parte; sententia – sententia; imperium – imperio; manus – manu; res – re; mors – morte; equus – equo; tempus – tempore

10 a oculis – iudicibus – manibus – rebus – exemplis – provinciis – temporibus

b nox – noctibus; iudicium – iudiciis; laus – laudibus; dux – ducibus; victoria – victoriis; impetus – impetibus; res – rebus; mos – moribus

11 libertatis: Gen. Sg.; gloriae: Gen./Dat. Sg./Nom. Pl.; equi: Gen. Sg./Nom. Pl.; legionibus: Dat./Abl. Pl.; impetu: Abl. Sg.; partem: Akk. Sg.; senatus: Nom./Gen. Sg./Nom./Akk. Pl.; civibus: Dat./Abl. Pl.; homini: Dat. Sg.; provincias: Akk. Pl.; militum: Gen. Pl.; flumina: Nom./Akk. Pl.; honores: Nom./Akk. Pl.; diei: Gen./Dat. Sg.; fidem: Akk. Sg.; imperium: Nom./Akk. Sg.; exempli: Gen. Sg.; puero: Dat./Abl. Sg.

N2 Substantiv- und Adjektivformen **erkennen und bestimmen**

1a bonus, -a, -um – omnis, -e – solus, -a, -um – ingens, -ntis – celer, celeris, celere – vetus, veteris – liber, libera, liberum

b montes – mons, montis: Substantiv; faciles – facilis, facilis, facile: Adjektiv; rectos – rectus, recta, rectum: Adjektiv; honos – honos, honoris: Substantiv; amas – amare: Verb; ingentibus – ingens, ingentis: Adjektiv; militibus – miles, militis: Substantiv

c pulchra – fortes – altos – novus – parvam – certi – tanti – misero – similis

2

Adjektive der a-/o-Dekl.	Adjektive der Kons. Dekl.
beatum (beatus, -a, -um), sacra (sacer, sacra, sacrum), sola (solus, -a, -um), reliquum (reliquus, -a, -um)	felicem (felix, felicis), crudelibus (crudelis, -is, -e), omnia (omnis, -is, -e), forti (fortis, -is, -e), pauperes (pauper, pauperis)

3a

f.	m.	n.	m./f./n.	m./f.	f./n.	m./n.
asperam	miser	grave	ingens	fortem		reliquum
	pulchros		difficilium	nobilis		longi

b curam magnam, diebus plurimis, multi consules, hominis miseri, manu dextra, exemplum crudele

c noctem totam, res magnas, cives omnes, victorias nobiles, bello crudeli, consilium bonum

d alti montes, sinistram manum, ingentem exercitum, humanas res, gravibus laboribus, magna navis

e beatos homines, miser homo, clarae gentis, vera laus, tristem vitam, totam urbem

4a stultioris – carioribus – dulciores – pulchriora – maior – minores – amplioribus – melior – felicior – longius – altius

b dignum – digniorem/dignius; nobilem – nobiliorem; faciles – faciliores; triste – tristius; clara – clarior/clariore/clariora; magnis – maioribus; bonas – meliores

5a clarissima – clementissimi – pulcherrimum – pessimus – honestissimis

b novis – novissimis; longam – longissimam; facilibus – facillimis; celer – celerrimus; gravi – gravissimo/gravissimae; magni – maximi; bonos – optimos

6a 1. maius – Der (Fluss) Tiber ist groß, der (Fluss) Rhein aber ist größer. (Vergleich) 2. altior – Pass auf am Tiber! Das Wasser (ist) steht heute ziemlich hoch. (kein Vergleich) 3. difficilior – Die Sache ist ziemlich schwierig. Ich weiß nicht, wie ich sie dir erklären soll. (kein Vergleich) 4. pulchrius – Dieser Tempel ist schöner als jener. (Vergleich)

b 1. pulcherrima – Helena war die schönste aller Frauen. (Vergleich) 2. clarissimus – Cicero war ein sehr berühmter Redner. (kein Vergleich) 3. facillima – Die Sache ist sehr einfach, ich will sie dir mit wenigen Worten erklären. (kein Vergleich) 4. maxima – In alten Zeiten war Rom die größte aller Städte auf der Welt. (Vergleich)

7 1. acriter – Die römischen Soldaten kämpften heftig/entschlossen. (kein Vergleich) 2. celerrime, fortissime – Die Freunde liefen sehr schnell herbei und verteidigten mich sehr tapfer. (kein Vergleich) 3. pulchrius – Wer sang schöner als jener berühmte Odysseus? (Vergleich) 4. recte, prudentius – Dies hast du richtig gesagt und diese Sache hast du ziemlich klug gemacht/erledigt. (kein Vergleich) 5. clementissime – Es ist überliefert, dass Cäsar Feinde äußerst milde behandelt hat. (kein Vergleich) 6. bene, melius, optime – Dein Freund hat dies gut gemacht, deine Freundin hat es besser gemacht, du aber hast es am besten gemacht. (Vergleich)

N3 Pronomina **erkennen, bestimmen und übersetzen**

1a mihi – vobis – ei – ego – te – eos – ea – eo – nos – id – me – eorum – tu

b tibi – dir; eum – ihn; nos – wir/uns; me – mich; eis – ihnen/mit ihnen; vobis – euch; id – es; nobiscum – mit uns; ii – sie; a te – von dir; ego – ich; ea – sie

2a frater meus; filios tuos; exercituum vestrorum; domum nostram; mare nostrum; opus meum

b pater noster – unser Vater (Vater unser); domus eius – sein/ihr Haus; filios suos – seine/ihre Söhne; oppidum vestrum – eure Stadt; patria eorum – ihr/deren Vaterland; libertatem vestram – eure Freiheit; sententia tua – deine Meinung/nach deiner Meinung; sorores meae – meine Schwestern

c Personal-Pronomina: me, tibi, vos, nobis, te, mihi, nos, mecum; Possessiv-Pronomina: mei, tuos, vestri, nostris, tuus, meis, nostro, mea

d 1. eius – Die Hausherrin hat ein Pferd. Ihr (Deren) Pferd ist schnell. 2. sua, eius – Der Freund ist in seinem Haus. Auch ich bin in seinem (dessen) Haus. 3. suam, eorum – Die Menschen verteidigten ihre Stadt tapfer, aber die Feinde eroberten ihre (deren) Stadt.

3a hoc oppidum – diese Stadt; ipsum consulem – den Konsul selbst (persönlich); illius partis – jenes Teils; eorum hominum – dieser Menschen; his oculis – (mit) diesen Augen; eadem vita – dasselbe Leben/mit demselben Leben

b eas – illas, has; illius – eius, huius; eis – illis, his; illa – ea, haec/hac; eorum – illorum, horum; hae – eae, illae; eo – illo, hoc; hi – ii, illi

c hunc: Akk. Sg. m.; ii: Nom. Pl. m.; illi: Dat. Sg. m./f./n./Nom. Pl. m.; ipso: Abl. Sg. m./n.; harum: Gen. Pl. f.; iidem: Nom. Pl. m.; eam: Akk. Sg. f.; illos: Akk. Pl. m.; ea: Nom./Abl. Sg. f./Nom./Akk. Pl. n.

4a eius – cuius; eas – quas; ii – qui; eis – quibus; hic – qui; huic – cui; hos – quos; harum – quarum; illi – cui/qui; illud – quod; illam – quam; illo – quo

b 1. Omnes milites, qui ab hostibus capti erant, incolumes in castra redierunt. – Alle Soldaten, die von den Feinden gefangen worden waren, kehrten unversehrt/unverletzt ins Lager zurück. 2. Amici, quibus in thermis esse non placuit, Circum Maximum petunt. – Die Freunde, denen es nicht gefiel, in den Thermen zu sein/in den Thermen nicht gefiel, suchen den Circus Maximus auf/gehen in den Circus Maximus. 3. Eum imperatorem, qui exercitum Carthaginiensium in Italiam duxit, Romani timuerunt. – Die Römer fürchteten diesen Feldherrn, der das Heer der Karthager nach Italien geführt hat. 4. Coriolanus in patriam, e qua a senatoribus pulsus erat, impetum fecit. – Coriolan griff das Vaterland an, aus dem er von den Senatoren vertrieben worden war. 5. Romulus cum Remo urbem condidit, cui post mortem fratris nomen suum dedit. – Romulus gründete zusammen mit Remus die Stadt, der er nach dem Tod des Bruders seinen Namen gab. 6. Id, quod dixisti, non credo. – Das, was du gesagt hast, glaube ich nicht. 7. Ea, quae audivi, mihi non placuerunt. – Das, was ich gehört habe, gefiel mir nicht.

5a 1. quis – Wer hat die Rede des Konsuls gehört? 2. cuius – Wessen Brief liest du? 3. quem – Welchen der Götter verehrten die Römer am meisten? 4. a quo – Von wem ist Helena geraubt worden?

b 1. a quo populo – Von welchem Volk ist diese Stadt gegründet worden? 2. quas amicas – Welche Freundinnen habt ihr eingeladen? 3. cui viro – Welcher Mann hatte so großen Einfluss? 4. qua de causa – Aus welchem Grund hast du dies getan?

6 1. aliqui – Irgendein Bote hat dies gesagt. (adjektivisch) 2. quidam – Einige glauben, dass es keine Götter gibt. (substantivisch) 3. aliquid – Mein Vater hat mir etwas Gold gegeben. (substantivisch)
4. quendam – Ich habe einen (gewissen) Freund meines Vaters auf dem Forum gesehen. (adjektivisch)
5. quidam – Es gab einen König/Es war (einmal) ein König, der eine einzige Tochter hatte. (adjektivisch)

S1 Konstruktionen mit Infinitiv **erkennen und übersetzen**

1a scribere – schreiben; legere – lesen; nuntiare – melden; dicere – sagen, sprechen; loqui – reden, sprechen; negare – leugnen, ablehnen; respondere – antworten; interrogare – fragen; rogare – fragen, bitten; iubere – befehlen, beauftragen; polliceri – versprechen; tradere – übergeben, überliefern

b audire – hören; spectare – (an)schauen; sentire – fühlen, merken; videre – sehen

c intellegere – verstehen, erkennen, einsehen; putare – glauben, meinen, halten für; credere – glauben, vertrauen; cognoscere – erfahren, erkennen; arbitrari – glauben, meinen; scire – wissen, verstehen; existimare – meinen, schätzen; comperire – erfahren; nescire – nicht wissen, nicht verstehen

2a videbantur – dicitur – dictae sunt – putaris – traditum est – fertur – arbitrati sunt – traduntur

b 1. Multi homines (Nom.) beati esse (Inf.) videntur. – NcI 2. Multos homines (Subj.-Akk.) beatos esse (Inf.) videmus. – AcI 3. Homerus Helenam (Subj.-Akk.) pulchram esse (Inf.) tradidit. – AcI 4. Consilium inire (Inf.) oportet. – Inf.-Konstr. 5. Caesar (Nom.) Cleopatram amavisse (Inf.) fertur. – NcI 6. Suetonius Caesarem (Subj.-Akk.) Cleopatram amavisse (Inf.) rettulit. – AcI 7. Tu verum dicere (Inf.) in animo non habuisti. – Inf.-Konstr. 8. Amici te (Subj.-Akk.) vera non dixisse (Inf.) dicunt. – AcI 9. Romanos (Subj.-Akk.) Gallis bellum intulisse (Inf.) scimus. – AcI 10. Romani (Nom.) multis populis inimici fuisse (Inf.) dicuntur. – NcI

3 Achte auf mehrdeutige Endungen, die je nach Wortart Verschiedenes anzeigen. Du erkennst die Wortart durch Rückführung auf die Lernform:

Endung -re	Endung -i	Endung -as
– Infinitiv Präsens Aktiv: mittere	– Infinitiv Präsens Passiv: mitti	– Akkusativ Plural der a-Dekl.: servas von serva
– Ablativ Singular einiger Wörter der Kons. Dekl.: honore von honos	– 1. Person Singular Perfekt Aktiv: misi von mittere	– 2. Person Singular Präsens Aktiv eines Verbs der a-Konj.: amas von amare
	– Genitiv Singular der o-Dekl.: amici von amicus	
	– Nominativ Plural der o-Dekl.: amici von amicus	
	– Dativ Singular der Kons. Dekl.: senatori von senator	

a uti – putari – vocare – parari – ereptum esse – aggredi – quaesituros esse – timeri – iniri – interfectum esse – movere – sequi – fuisse

b socios – copias – cives – senatus – patres – castra – hostem – rem publicam – leges

c me – nullos – eos – id – neminem – nos – hunc – quas – hoc – quem – ullum – illas

d 1. [Virgines Sabinorum a viris Romanis raptas esse] 2. [Coriolanum ab Etruscis libenter acceptum esse] 3. [se semper contra Romanos pugnaturum esse] 4. [se rem publicam a magnis periculis servavisse] 5. [ingens mulierum agmen ad castra venire] 6. [exercitum hostium vinci non posse]

e 1. rapuisse, abduxisse VZ 2. ferre GZ 3. timeri GZ 4. eiectum esse VZ 5. convocaturum esse NZ

4a 1. Ihr habt gelesen, dass die jungen Frauen der Sabiner von den römischen Männern geraubt worden sind. 2. Der Gesandte hat gemeldet, dass Coriolan von den Etruskern gern aufgenommen worden ist. 3. Hannibal versprach seinem Vater, dass er immer gegen die Römer kämpfen werde. 4. Cicero glaubte, dass er den Staat vor großen Gefahren bewahrt habe. 5. (Dem) Coriolan wurde gemeldet, dass eine gewaltige Schar von Frauen zum Lager komme. 6. Der Feldherr erkannte, dass das Heer der Feinde nicht besiegt werden konnte.

b 1. Wir lesen bei Homer, dass Paris Helena geraubt (hat) und nach Troia entführt hat. 2. Der Vater sagte: „Ich befehle dir, dass du deinen Freunden sofort Hilfe bringst." 3. Die Menschen glauben, dass nichts mehr zu fürchten sei als der Tod selbst. 4. Die Senatoren sagten, dass Catilina von Cicero ins Exil geschickt worden sei. 5. Der Konsul antwortete, dass er den Senat am nächsten Tag zusammenrufen werde.

5a Nominativ: einfach unterstrichen, Infinitiv: doppelt unterstrichen, Prädikat im Passiv: kursiv
1. Ceres *dicitur* inflammavisse taedas iis ignibus, qui ex Aetnae vertice erumpunt. 2. Etenim urbs illa non urbs *videtur*, sed fanum Cereris esse. 3. Hennenses non cives illius civitatis, sed omnes sacerdotes Cereris esse *videntur*. 4. Permulti homines et ex urbe et ex agris se in illa castra conferre *dicuntur*.

b 1. Viele Menschen scheinen glücklich zu sein. 2. Helena soll sehr schön gewesen sein./Man sagt, dass Helena sehr schön gewesen sei. 3. Es wird berichtet, dass Cäsar Kleopatra geliebt habe. 4. Die Römer sollen mit vielen Völkern verfeindet gewesen sein.

2 Participium coniunctum (PC) **erkennen und übersetzen**

1a amatam: PPP Akk. Sg. f.; viventes: PPA Nom./Akk. Pl. m./f.; factum: PPP Akk. Sg. m./n./Nom. Sg. n.; permotus: PPP Nom. Sg. m.; rogantibus: PPA Dat./Abl. Pl. m./f./n.; exspectans: PPA Nom. Sg. m./f./n./Akk. Sg. n.

b raptas naves – profecti milites – aggressum agmen – coactos servos – condita urbe – facti impetus

c tenente viro – rogantis filiae/domini – fugientium equorum – putantes filiae/domini – reddens pater – nescientem populum

d victis his – motae ei – sciente eo – capientem hunc – spectantes quos – pulsus ille

2a 1. capti – Die im Kampf gefangenen Matrosen wurden alle von den Piraten getötet. 2. agentes – Die ein elendes Leben führenden Sklaven wünschten sich die Freiheit sehr.

b 1. Die Matrosen, die im Kampf gefangen worden waren, wurden alle von den Piraten getötet. 2. Die Sklaven, die ein elendes Leben führten, wünschten sich die Freiheit sehr.

c 1. Senatores consulem orationem habentem libenter audiverunt. – Die Senatoren hörten dem Konsul, der eine Rede hielt, gern zu./Die Senatoren hörten dem eine Rede haltenden Konsul gern zu.
2. Senatoribus oratio a consule habita valde placebat. – Den Senatoren gefiel die vom Konsul gehaltene Rede sehr./Den Senatoren gefiel die Rede, die vom Konsul gehalten worden war, sehr.

3a 1. Nautae fortiter pugnantes tamen a piratis superati sunt. – Obwohl die Matrosen tapfer kämpften, sind sie dennoch von den Piraten besiegt worden. 2. Omnes epistulas mihi redditas magna cum voluptate legi. – Nachdem/Als mir alle Briefe übergeben worden waren, habe ich sie mit großem Vergnügen gelesen. 3. Troiani a Graecis victi novam patriam quaesiverunt. – Weil/Nachdem die Troianer von den Griechen besiegt worden waren, suchten sie eine neue Heimat.

b 1. Ex Gallia rediens Caesar Alpes montes transire debuit. – Als Cäsar aus Gallien zurückkehrte, musste er die Alpen überschreiten. 2. Romulo (Dat.!) ira commoto (Dat.!) Remus resistere non potuit. – Weil Romulus von Zorn erregt war, konnte Remus ihm keinen Widerstand leisten. 3. Homines spe libertatis moti ingentia pericula adeunt. – Menschen nehmen ungeheure Gefahren auf sich, wenn/weil sie von der Hoffnung auf Freiheit bewegt sind. 4. Senatoribus consilium postulantibus consul haec dixit: … – Der Konsul sagte zu den Senatoren, als sie einen Beschluss forderten: … 5. Ulixes amore Circae captus ad uxorem Penelopam redire voluit. – Obwohl Odysseus von Liebe zu Circe ergriffen war, wollte er zu seiner Frau Penelope zurückkehren.

4a 1. Matrem uxoremque videns Coriolanus magno dolore dixit: … – Coriolan sah seine Mutter und seine Frau und sagte dann unter großem Schmerz: … 2. Imperator milites hortatus castra hostium oppugnavit. – Der Feldherr feuerte seine Soldaten an und griff dann das Lager der Feinde an. 3. Mulieres liberique capti in servitutem abducti sunt. – Frauen und Kinder wurden gefangen genommen und dann in die Sklaverei verschleppt.

b 1. Homines e periculo servati in urbem redierunt. – Die Menschen waren aus der Gefahr gerettet worden und kehrten dann in die Stadt zurück. 2. Milites pericula non timentes flumen transeunt. – Die Soldaten fürchten die Gefahren nicht und überqueren daher den Fluss. 3. Exercitus a castris profectus post multas horas oppidum petivit. – Das Heer marschierte vom Lager los und erreichte nach vielen Stunden die Stadt. 4. Equites in pugna victi se in castra receperunt. – Die Reiter waren im Kampf besiegt worden und zogen sich daraufhin ins Lager zurück. 5. Prima luce ex urbe egressus noctu ad amicos adveni. – Bei Tagesanbruch ging ich aus der Stadt und kam schließlich nachts bei meinen Freunden an.

5a 1. Urbs condita mox ab hostibus deleta est. – Die Stadt wurde nach ihrer Gründung bald von den Feinden zerstört. 2. Hostes exercitum in castra redeuntem aggressi sunt. – Die Feinde griffen das Heer bei seiner Rückkehr ins Lager an. 3. Homines e periculis servati laeti non erant. – Die Menschen waren trotz ihrer Rettung aus der Gefahr nicht fröhlich.

b 1. Rex ex urbe pulsus ab hostibus Romanorum receptus est. – Nach seiner Vertreibung aus der Stadt wurde der König von den Feinden der Römer aufgenommen. 2. Homines ex urbe fugientes deos oraverunt. – Bei ihrer Flucht aus der Stadt beteten die Menschen zu den Göttern. 3. Imperator milites flumen transeuntes adhortatus est. – Der Feldherr feuerte die Soldaten bei der Überquerung des Flusses an. 4. Rei ab iudice auditi in carcerem ducti sunt. – Nach ihrer Anhörung vor dem Richter sind die Angeklagten ins Gefängnis geführt worden. 5. Oppidum ab hostibus occupatum ab hominibus relictum est. – Nach der Besetzung durch die Feinde ist die Stadt von den Menschen verlassen worden.

3 Ablativus absolutus (Abl. abs.) **erkennen und übersetzen**

1a motis – ducente – audientibus – paratis – relicta – occupato – actis – legentibus – pugnante – dato

b

Infinitiv	PPA	PPP
ducere	ducente/ducentibus	ducto, ducta/ductis
rapere	rapiente/rapientibus	rapto, rapta/raptis
rogare	rogante/rogantibus	rogato, rogata/rogatis

c pace – pueris – urbe – victoria – oppidis – fratribus – navibus – nocte – re

d

Nom. Sg.	Abl. Sg.	Abl. Pl.	Nom. Sg.	Abl. Sg.	Abl. Pl.
provincia	provincia	provinciis	homo	homine	hominibus
templum	templo	templis	lex	lege	legibus
tempus	tempore	temporibus	socius	socio	sociis

2a Hier passen verschiedene Nebensatz einleitende Konjunktionen; erst im Kontext kann eine Entscheidung getroffen werden. Auch darüber, wie das Zeitverhältnis im Deutschen ausgedrückt wird, kann erst im Zusammenhang mit dem Prädikat entschieden werden:

Auxilio dato … – Weil Hilfe geschickt worden ist/war …; Nuntiis missis … – Weil Boten geschickt worden sind/waren …; Civibus resistentibus … – Obwohl die Bürger Widerstand leisten/leisteten …; Parte exercitus relicta … – Weil ein Teil des Heeres zurückgelassen worden ist/war …; Nullo milite prohibente … – Obwohl kein Soldat es verhindert/verhinderte …; Pace facta … – Als Friede geschlossen worden ist/war …

b 1. [Adventu agminis nuntiato] – Nachdem die Ankunft des Heeres gemeldet worden war, zogen sich die Feinde in die Wälder zurück. 2. [Remo interfecto] – Als Remus getötet worden war, hatte Romulus allein die Herrschaft inne. 3. [Militibus adhuc pugnantibus] – Obwohl die Soldaten noch kämpften, wurden Gesandte zu Friedensverhandlungen/Friedensgesandte geschickt.

3 1. [Militibus laudatis] – Die Soldaten wurden gelobt und dann führte Cäsar das Heer ins Lager zurück./Cäsar lobte die Soldaten und führte dann … 2. [Exemplo sapientiae dato] – Ein Beispiel der Weisheit wurde gegeben und daraufhin diskutierte der Philosoph mit den Zuhörern./Der Philosoph gab ein Beispiel für (seine) Weisheit und diskutierte daraufhin … 3. [Hominibus fugientibus] – Die Menschen flohen und währenddessen wurde die Stadt von den Feinden zerstört.

4 1. [Pace facta] – Trotz Friedensschluss griffen die Feinde die Stadt an. 2. [Civibus petentibus] – Auf die Bitten der Bürger hin schickten die Konsuln Gesandte zu den benachbarten Völkern. 3. [Sole orto] – Bei Sonnenaufgang werden die Menschen zahlreich auf dem Forum zusammenkommen.

5 1. [Natura duce] – Unter Führung der Natur führen Menschen ein glückliches Leben. 2. [Rege crudelissimo mortuo] – Nach dem Tod des überaus grausamen Königs erlangte das Volk die Freiheit. 3. [Consule auctore] – Auf Veranlassung des Konsuls fasste der Senat diesen Beschluss.

1–5 ausgelassene Wortgruppen: unterstrichen, Partizipien: kursiv
1. Etenim quaero, si quis pater familias [liberis suis a servo *interfectis*], [uxore *occisa*], [*incensa* domo] supplicium de servo quam acerbissimum sumpserit, utrum is clemens ac misericors an inhumanissimus et crudelissimus esse videatur? – Denn ich frage, wenn (irgend)ein *pater familias*, nachdem seine Kinder von einem Sklaven getötet, seine Frau umgebracht und sein Haus angezündet worden ist, die härtest mögliche Strafe an dem Sklaven vornähme, würde er dann milde und mitleidig oder ganz und gar unmenschlich und grausam erscheinen? 2. Quid est, Catilina? Num dubitas id [me *imperante*] facere, quod iam tua sponte faciebas? – Was ist, Catilina? Zögerst du etwa, dies auf meinen Befehl hin zu machen, was du schon freiwillig machen wolltest? 3. Id est initum consilium, ut [*interfectis* omnibus] nemo ne ad deplorandum quidem populi Romani nomen atque ad lamentandum tanti imperii calamitatem relinquatur. – Dieser Plan wurde gefasst, dass, nachdem alle ermordet worden sind,/nach der Tötung aller niemand übrig bleibt, nicht einmal um den Namen des römischen Volkes zu betrauern und über das Unglück eines so großen Reiches sein Leid zu klagen. 4. Atque ille primo quidem negavit, post autem aliquanto [toto iam indicio *exposito* atque *edito*] surrexit. – Zunächst leugnete jener zwar, aber ein wenig später, als schon der ganze Beweis dargelegt und vorgebracht worden war, erhob er sich. 5. [Indiciis *expositis* atque *editis*], Quirites, senatum consului, de summa re publica quid fieri placeret. – Nachdem die Beweise dargelegt und vorgebracht worden waren, Bürger, habe ich den Senat um Rat gefragt, was zum Wohle des Staates geschehen solle. 6. Nunc quoniam, Quirites, conscleratissimi periculosissimique belli nefarios duces captos iam et comprehensos tenetis, existimare debetis omnes Catilinae copias, omnes spes atque opes [his *depulsis* urbis periculis] concidisse. – Jetzt, Bürger, da ihr die schändlichen Anführer dieses äußerst verbrecherischen und gefährlichen Krieges schon gefangen haltet, dürft ihr glauben, dass alle Truppen Catilinas, all seine Hoffnungen und Kräfte zusammengebrochen sind, da diese Gefahren für die Stadt abgewendet worden sind.

S4 nd-Formen (Gerundium, Gerundivum) **erkennen und übersetzen**

1a

Infinitiv	Genitiv	Akkusativ	Ablativ
narrare	narrandi	narrandum	narrando
agere	agendi	agendum	agendo
audire	audiendi	audiendum	audiendo

b 1. Es ist/besteht Hoffnung, zu siegen. 2. Er/Sie lernt die Kunst, zu reden. 3. Jetzt ist es Zeit, die Freunde zu verlassen.

c 1. Ich bin bereit, zu schweigen. 2. Wer ist geeignet, dies zu versuchen? 3. Sie kommen, um zu schauen.

d 1. Der Redner bewegte die Menschen durch gutes Reden. 2. Ich weiß, dass ihr beim Kämpfen tapfer seid. 3. Durch Lehren lernen wir.

2a in urbe defendenda – spes hostium vincendorum – in re publica bene gerenda – hominum servandorum causa

b 1. Es ist/besteht Hoffnung, das Leben zu retten. 2. Ich will die Kunst, einen Staat gut zu leiten, lernen. 3. Die Menschen sind zusammengekommen, um den Konsul zu loben.

c Wir sind bereit, die Waffen zu ergreifen. 2. Die Menschen kamen zusammen, um die Rede zu hören. 3. Wer ist geeignet, die Kriege zu beenden?

d 1. Welches Volk hat sein Gebiet durch das Führen von Kriegen vergrößert? 2. Du warst sehr tapfer beim Verteidigen der Stadt. 3. Er/Sie hat bei der Verwaltung des Staates immer Sorgfalt angewendet.

3a Gerundivum-V: Es ist/besteht Hoffnung, die Stadt zu erobern. Das Gerundivum-V beschreibt einen Vorgang (expugnandae – erobern). Es verhält sich im Satz wie ein Adjektiv-Attribut und steht in KNG-Kongruenz zu einem Substantiv (urbis).
Gerundivum-N: Die Stadt muss erobert werden. Das Gerundivum-N beschreibt eine Notwendigkeit („muss“) und drückt Passivisches aus („erobert werden“). Es ist das Prädikatsnomen, bildet zusammen mit est das Prädikat und steht in KNG-Kongruenz zum Subjekt (urbs).

b Gerundivum: unterstrichen, Dativus auctoris: kursiv
1. *Consuli* oratio habenda fuit. – Der Konsul musste eine Rede halten. 2. *Vobis* proficiscendum non est. – Ihr dürft nicht aufbrechen/abreisen. 3. Leges *omnibus civibus* observandae sunt. – Alle Bürger müssen die Gesetze beachten. 4. *Mihi* pugnandum erit pro libertate. – Ich werde für die Freiheit kämpfen müssen. 5. Philosophus paupertatem *viro sapienti* timendam non esse putabat. – Der Philosoph meinte, dass ein weiser Mann/Weiser die Armut nicht fürchten dürfe. 6. Inter omnes constat reos *iudici* audiendos esse. – Für alle steht fest/Alle sind sich einig, dass ein Richter die Angeklagten anhören muss.

1–3 ausgelassene Wortgruppen: unterstrichen, nd-Form und Bezugswort: kursiv
1. Quod consilium *delendae rei publicae* initum est? – Welcher Plan, den Staat zu zerstören,/zur Zerstörung des Staates ist gefasst worden? 2. Qui, Catilina, nesciat te pridie Kalendas Ianuarias Lepido et Tullo consulibus stetisse in comitio cum telo, manum *consulum* et *principum* civitatis *interficiendorum* causa paravisse? – Wer, Catilina, wüsste nicht, dass du am 31. Dezember unter dem Konsulat des Lepidus und Tullus auf dem Komitium mit einem Dolch gestanden, dass du eine Gruppe bereitgestellt hattest, um die Konsuln und führenden Männer des Staates zu ermorden? 3. Tenentur ii, qui ad urbis incendium, ad vestram omnium caedem, ad *Catilinam accipiendum* Romae restiterunt. – Festgenommen sind die, die zur Brandlegung in der Stadt, zu euer aller Ermordung, zur Aufnahme Catilinas in Rom geblieben sind. 4. Nunc quicquid est, quocumque vestrae mentes inclinant atque sententiae, *statuendum* vobis ante noctem *est*. – Was auch immer nun ist, wohin auch immer eure Ansichten und Meinungen neigen, ihr müsst vor der Nacht/vor Einbruch der Nacht entscheiden/eine Entscheidung treffen. 5. Itaque, ut aliqua in vita formido improbis esset proposita, apud inferos eius modi quaedam illi antiqui supplicia impiis constituta esse voluerunt, quod videlicet intellegebant his remotis non esse *mortem ipsam pertimescendam*. – Deshalb, damit für gewissenlose Menschen im Leben irgendein Schreckensbild aufgestellt wird, wollten die Alten, dass in der Unterwelt gewisse Strafen für Skrupellose festgelegt sind, weil sie wohl erkannten, dass nach deren (der Strafen) Abschaffung der Tod selbst nicht mehr gefürchtet zu werden braucht. 6. Omnes ordines ad *conservandam rem publicam* mente, voluntate, voce consentiunt. – Alle Stände stimmen in der Absicht, ihrem Wunsch und ihren Worten darin überein, den Staat zu bewahren. 7. O condicionem miseram non modo *administrandae*, verum etiam *conservandae rei publicae*! – Oh, was für eine undankbare Aufgabe, den Staat nicht nur zu verwalten, sondern auch ihn zu retten!

Abschlusstests

1

V1 serva|ba|mus: 1. Pl. Ind. Imperf. Akt. – wir bewahrten; eg|istis: 2. Pl. Ind. Perf. Akt. – ihr habt getan; pepul|era|m: 1. Sg. Ind. Plqupf. Akt. – ich hatte getrieben; intelleg|e|s: 2. Sg. Fut. I Akt. – du wirst verstehen; audi|u|nt: 3. Pl. Ind. Präs. Akt. – sie hören; ora|b|o: 1. Sg. Fut. I Akt. – ich werde bitten

V2 audi|tur: 3. Sg. Ind. Präs. Pass. – er/sie/es wird gehört; puls|us es: 2. Sg. Ind. Perf. Pass. – du bist getrieben worden; capi|e|mur: 1. Pl. Fut. I Pass. – wir werden gefangen werden; defend|eba|r: 1. Sg. Ind. Imperf. Pass. – ich wurde verteidigt; coact|us era|m: 1. Sg. Ind. Plqupf. Pass. – ich war gezwungen worden; roga|bi|mini: 2. Pl. Fut. I Pass. – ihr werdet gefragt werden

V3 1. faciamus: 1. Pl. Konj. Präs. Akt. – Was sollen wir tun? (Deliberativ) 2. tacueris: 2. Sg. Konj. Perf. Akt. – Schweige nicht! (Prohibitiv) 3. pulsus esset: 3. Sg. Konj. Plqupf. Pass. – Weil/Nachdem der König vertrieben worden war, griff er die Stadt an. (cum-Satz kausal/temporal) 4. caperent: 3. Pl. Konj. Imperf. Akt., interficerentur: 3. Pl. Konj. Imperf. Pass. – Wenn die Feinde die Stadt einnähmen, würden Menschen getötet. (Irrealis der Gegenwart) 5. adiuves: 2. Sg. Konj. Präs. Akt. – Ich bitte dich, dass du mir hilfst/mir zu helfen. (Begehrsatz) 6. cadas: 2. Sg. Konj. Präs. Akt. – Ich fürchte, dass du fällst. (Verneinter Begehrsatz)

V4 Imperative: rogate – audi – duc; Infinitive: mitti – orare – petere – servatos esse – vicisse; Partizipien: capti – dicturum – fugiens – conditum

V5 loquitur – er/sie/es spricht; ierant – sie waren gegangen; eris – du wirst sein; tulistis – ihr habt getragen; vis – du willst; aggressi sumus – wir haben angegriffen

2

V1–5 **a** pell|i|tur: 3. Sg. Ind. Präs. Pass. – er/sie/es wird geschlagen; dix|erunt: 3. Pl. Ind. Perf. Akt. – sie haben gesagt; nuntia|bi|s: 2. Sg. Fut. I Akt. – du wirst melden; miss|i su|nt: 3. Pl. Ind. Perf. Pass. – sie sind geschickt worden; loqu|eba|tur: 3. Sg. Ind. Imperf. Deponens – er/sie/es sprach; amav|era|tis: 2. Pl. Ind. Plqupf. Akt. – ihr hattet geliebt

b sciant – servati simus – moveatis – fuerim – oretur – dubitent – eas – loquatur – amarentur – iuberet – intellexisset – auditi essent

c vicit: vincere, vinco, vici, victum; abibit: abire, abeo, abii, abitum; latus est: ferre, fero, tuli, latum; noluit: nolle, nolo, nolui, –; fueratis: esse, sum, fui, –; ausus sum: audere, audeo, usus sum

d finite Verbform: aguntur – locuta sum – rogarent; Imperativ: senti – legite – defende; Infinitiv: putari – vocaturum esse – petivisse; Partizip: coactum – pressae – invenientes

e 1. Kämpft! 2. Du hast den Freunden geholfen. 3. Lasst uns ein Ende des Krieges machen/den Krieg beenden! 4. Liebende wollen geliebt werden. 5. Die im Krieg gefangenen Männer werden auf den Feldern arbeiten müssen. 6. Der Feldherr freute sich: „Die Feinde wagten nicht, uns anzugreifen."

3

N1 **a** urbibus: Kons. Dekl. – verba: o-Dekl. (n.) – rerum: e-Dekl. – socios: o-Dekl. (m.) – manus: u-Dekl. (f.) – terris: a-Dekl.

b Nom. Sg.: oppidum – civis – puer; Nom. Pl.: reges – viri – verba

c Gen. Sg.: pedis – spei – vitae; Dat./Abl. Pl.: servis – legibus – exercitibus

d militis: Gen. Sg. – patria: Nom./Abl. Sg. – dies: Nom. Sg./Pl./Akk. Pl. – proeliis: Dat./Abl. Pl. – impetus: Nom./Gen. Sg./Nom./Akk. Pl. – modi: Gen. Sg./Nom. Pl.

N2 **a** omnibus populis – longum iter – alti montes – infelicem amicam – ingentis agminis – magna parte

b vita beatior – ein glücklicheres/recht glückliches Leben; maiora opera – größere/ziemlich große Werke; res faciliores – leichtere/recht leichte Dinge; homines stultissimi – die dümmsten/sehr dumme/strohdumme Menschen; gens miserrima – das unglücklichste/ein überaus unglückliches Volk; consilium gravissimum – der ernsteste/schwerwiegendste/ein sehr ernster/überaus schwerwiegender Rat

c beate – vehementissime – fortius – celeriter – diligenter – vere

N3 **a** Personal-: me – Possessiv-: vestri – Demonstrativ-: hae – Relativ-: quae – Indefinit-: quosdam – Interrogativ-: quis

b his – diesen (Dat.)/mit diesen, durch diese (Abl.); te – dich; cuius – dessen (m./n.)/deren (f.); illos – jene; earum: deren/ihre (Possessiv-)/dieser (Demonstrativ-); nostrae – unserer (Gen./Dat. Sg.)/unsere (Nom. Pl.)

4

S1 **a** Von diesen Verbformen kann ein AcI abhängen: audiveramus – arbitrans – putavistis – polliciti sunt. Von diesen Verbformen kann ein NcI abhängen: dicitur – feruntur

b 1. [Aeneas patrem filiumque e Troia servavisse] – NcI: Aeneas: Nominativ, servavisse: Inf. Perf. Akt. – Man berichtet, dass Äneas seinen Vater und seinen Sohn aus Troia gerettet habe. 2. <u>redire</u> – Infinitiv, abhängig von voluit – Odysseus wollte nach zehn Jahren endlich in seine Heimat zurückkehren. 3. [se urbi novae nomen suum daturum esse] – AcI: se: Subjektsakkusativ, daturum esse: Inf. Fut. Akt. – Romulus hoffte, weil er als erster sechs Geier gesehen hatte, dass er der neuen Stadt seinen Namen geben werde.

S2–3 1. [Pace facta] [datisque obsidibus] – Abl. abs. (PPP, VZ) – Nachdem Friede geschlossen worden war und Geiseln gestellt worden waren, verließ der Feldherr mit seinen Legionen die Provinz. 2. [in patriam redeuntem] – PC (PPA, GZ), Bezug redeuntem → Ciceronem – Das Volk empfing Cicero, als er in seine Heimat zurückkehrte, mit großer Freude. 3. [nullo resistente] – Abl. abs. (PPA, GZ) – Hannibal marschierte nach Rom, wobei ihm niemand Widerstand leistete.

S4 1. GN: Alle Bürger müssen die Eintracht wahren. 2. GV: Wir alle sind bereit, die Stadt zu verteidigen. 3. G: Durch Lesen lernen wir lesen, durch Schreiben lernen wir schreiben.

ÜS1 Satz-Übersetzungs-Strategie (SÜS) **anwenden**

1 1. necavit – er hat getötet/er tötete 2. audebas – du wagtest 3. habemus – wir haben 4. aberat – er war entfernt 5. est delatus – er ist hingetrieben worden 6. conspiciuntur – sie werden erblickt

2 Prädikat: unterstrichen, Subjekt: kursiv
1. *Circa* potione data homines in feras bestias <u>commutabat</u>. – Circe verwandelte 2. Ibi *Ulixes* cum matre <u>est locutus</u> de fine errationis suae. – Odysseus sprach 3. Paucis mensibus postea <u>captum est</u> *oppidum* cum ingenti praeda. – die Stadt ist erobert worden 4. Hodie quid <u>*egisti*</u>? – du hast getan 5. Nunc a te librum meum cum adnotationibus tuis <u>exspecto</u>. – ich erwarte 6. <u>Augebatur</u> auxiliorum cotidie *spes*. – die Hoffnung wurde vergrößert/vermehrte sich

3 1. Caesar oppidum (Akk.) incendit, praedam (Akk.) militibus (Dat.) donavit. – Cäsar zündete die Stadt an und schenkte die Beute den Soldaten. 2. Dixit aliquando mihi (Dat.) amicus: … – Einst sagte der Freund mir/zu mir: … 3. Duces Romanorum (Gen.) impetus barbarorum (Gen.) non sustinuerunt. – Die Anführer der Römer hielten die Angriffe der Barbaren nicht aus. 4. Heri amico (Dat.) epistulam brevem (Akk.) misi. – Gestern habe ich dem Freund einen kurzen Brief geschickt. 5. Sequuntur hostem (Akk.) milites. – Die Soldaten folgen dem Feind. 6. Victor omnibus (Dat.) veniam (Akk.) petentibus (Dat.) pepercit. – Der Sieger verschonte alle um Gnade Bittenden/alle, die um Gnade baten.

4 1. diu, in foro – Der Senator ging lange mit seinen Freunden auf dem Forum spazieren. 2. in concilio – In der (Rats-)Versammlung spricht man offen. 3. lingua, institutis, legibus – Die Gallier unterscheiden sich alle in Sprache, Einrichtungen/Gebräuchen und Gesetzen voneinander. 4. omnibus copiis – Die Gallier eilten mit allen Truppen zu Cäsar. 5. mediam ad noctem, maximo ardore – Von den Soldaten wurde bis Mitternacht mit höchstem Eifer gekämpft. 6. postero die, ab urbe – Am folgenden Tag brach der Konsul aus der Stadt auf.

1–4 Prädikat: unterstrichen, Subjekt: kursiv

a A. *Sulla imperator* Romam vi atque armis <u>occupavit</u> et consulem Marium ex urbe <u>expulit</u>.
1. er besetzte und er vertrieb 2. der Herrscher Sulla besetzte … und vertrieb 3. WEN/WAS besetzte Sulla? Romam: Rom – WOMIT? vi atque armis: mit Waffengewalt – WEN vertrieb er? consulem Marium: den Konsul Marius – WORAUS vertrieb er ihn? ex urbe: aus der Stadt – Der Herrscher Sulla besetzte Rom mit Waffengewalt und vertrieb den Konsul Marius aus der Stadt.

B. *Aeneas* cum paucis sociis ex oppido deleto <u>fugit</u> novamque patriam sibi <u>quaesivit</u>.
1. er floh und er suchte 2. Äneas floh und suchte 3. WORAUS floh er? ex oppido deleto: aus der zerstörten Stadt – MIT WEM floh er? cum paucis sociis: mit wenigen Gefährten – WAS suchte er? novam patriam: eine neue Heimat – FÜR WEN suchte er …? sibi: für sich – Äneas floh mit wenigen Gefährten aus der zerstörten Stadt und suchte für sich eine neue Heimat.

b A. Tunc *Daedalus* Minotauro labyrinthum incognito exitu <u>fecit</u> (, in quo est conclusus).
1. er machte 2. Dädalus machte 3. WAS machte er? labyrinthum: ein Labyrinth – WAS FÜR EIN Labyrinth? incognito exitu: mit unbekanntem Ausgang – FÜR WEN? Minotauro: für den Minotaurus – WANN? tunc: dann – Dann machte/baute Dädalus für den Minotaurus ein Labyrinth mit unbekanntem Ausgang, in dem er eingeschlossen wurde.

B. *Haec civitas* magnas <u>habet</u> copias militum Rhenumque (,ut supra demonstravimus,) <u>tangit</u>.
1. er hat und er berührt 2. dieser Stamm hat und berührt 3. WAS hat dieser Stamm? magnas copias: große Truppen – WAS FÜR Truppen? militum: von Soldaten – WAS berührt er? Rhenum: den Rhein – Dieser Stamm hat große Truppen von Soldaten und grenzt, wie wir oben dargelegt haben, an den Rhein.

C. (Pompeio occiso) *rex Ptolomaeus* caput eius Caesari misit.
1. er schickte 2. König Ptolemäus schickte 3. WAS schickte er? caput: den Kopf – WESSEN Kopf? eius: seinen/dessen – WEM schickte er …? Caesari: Cäsar – Nachdem Pompeius getötet worden war, schickte König Ptolemäus seinen Kopf an Cäsar.

D. (Bellis toto orbe compositis) *Augustus* portas aedis Iani sua manu clausit (, quae bis tantum antea clausae fuerant).
1. er schloss 2. Augustus schloss 3. WAS schloss er? portas: die Tore – WESSEN Tore? aedis Iani: des Janus-Tempels – WIE/WOMIT schloss er sie? sua manu: mit seiner eigenen Hand – Als die Kriege auf der ganzen Welt beendet worden waren, schloss Augustus eigenhändig die Tore des Janus-Tempels, die vorher nur zweimal geschlossen gewesen waren.

ÜS 2 Gefüge-Übersetzungs-Strategie (GÜS) **anwenden**

1 a quas – cui – quem – quod – qui – cuius – quo – quibus – quam – quorum

b civitatibus, quas – signa, quibus – hostes, qui – patrem, cui

c A. Templum Minervae est in insula, de qua ante dixi.
HS: Auf der Insel gibt es einen Tempel der/für Minerva,
RS: über den/von dem ich vorher gesprochen habe.

B. Mittuntur etiam ad eas civitates legati, quae sunt finitimae Aquitaniae.
HS: Auch werden Gesandte zu den Stämmen geschickt,
RS: die Aquitanien benachbart sind.

C. Ulixes ad Laestrygones venit, quorum rex naves eius confregit excepta nave, qua evasit in insulam Aenariam ad Circam, quae homines in feras bestias commutabat.
HS: Odysseus kam zu den Laestrygonen,
RS 1: deren König seine Schiffe zerstörte ausgenommen/bis auf das Schiff,
RS 2: mit/auf dem er zur Insel Ischia zu Circe entkam,
RS 3: die Menschen in wilde Tiere verwandelte.

D. Caesar postero die T. Labienum legatum cum eis legionibus, quas ex Britannia reduxerat, in fines hostium, qui rebellionem fecerant, misit.
HS: Cäsar schickte am folgenden Tag den Legaten Titus Labienus mit den Legionen, …, in das Gebiet der Feinde, …
RS 1: die er aus Britannien zurückgeführt hatte,
RS 2: die einen Aufstand gemacht hatten.

2 a cur – quid – quod – quomodo – quis – quare – quando – num – ubi – qualis – unde – quam

b 1. quomodo virtutem petant – Es gibt Menschen, die besonders dies eine im Blick haben, wie sie zu Tugendhaftigkeit gelangen. 2. quid proxima nocte egeris, ubi fueris, quos homines convocaveris, quid consilii ceperis – Wer von uns – glaubst du – wüsste nicht, was du in der letzten Nacht gemacht hast, wo du gewesen bist, welche Menschen du versammelt hast, welchen Beschluss/Plan du gefasst hast?

3 a ut – cum – postquam – quia – ubi – ne – quod – si – nisi – priusquam – quoniam – dum

b temporal: nachdem, als, sobald, bevor, während; Vergleich: wie; kausal: weil, da, da … ja; konditional: falls, wenn; konzessiv: obgleich, obwohl, auch wenn; final: damit; konsekutiv: sodass; Begehr-: dass

c 1. Principes civitatum omnes hortatur, ut communis libertatis causa arma capiant. – Er feuert alle Anführer der Stämme an, dass sie um der gemeinsamen Freiheit willen zu den Waffen greifen. (Begehrsatz) 2. Ubi dies causae dicendae venit, tribuni prima luce in rostris consederunt. – Sobald der Tag der Verteidigung gekommen war, setzten sich die Tribunen bei Tagesanbruch auf die Rednertribüne. (temporal) 3. Eadem nocte accidit, ut esset luna plena. – In derselben Nacht geschah es, dass Vollmond war/herrschte. (konsekutiv) 4. Hoc proelio facto, reliquas copias Helvetiorum ut consequi posset, Caesar pontem in Arari exstruxit. – Nach dieser Schlacht baute Cäsar eine Brücke über den Fluss Arar, um die restlichen Truppen der Helvetier verfolgen zu können. (final)

4 1. HS: Hercules, …, dracones duos manibus suis necavit
NS 1: cum infans esset
NS 2: quos Iuno miserat
Übersetzung: Als Herkules noch ein Kind war, tötete er zwei Schlangen, die Juno geschickt hatte, mit seinen eigenen Händen.

2. HS: Ulixes, …, tempestate ad Ciconas est delatus, …
NS 1: cum in patriam Ithacam rediret
NS 2: quorum oppidum expugnavit praedamque sociis distribuit
Übersetzung: Als Odysseus in seine Heimat Ithaka zurückkehrte, wurde er durch ein Unwetter zu den Kikonen verschlagen, deren Stadt er eroberte und deren Beute er unter seinen Gefährten verteilte.

3. HS: …, hostes in oppidum concurrerunt civesque Romanos, …, interfecerunt bonaque eorum diripuerunt.
NS 1: Ubi ea dies venit,
NS 2: qui negotiandi causa ibi constiterant
Übersetzung: Sobald der verabredete Tag gekommen war, liefen die Feinde in der Stadt zusammen, töteten die römischen Bürger, die sich dort aufgestellt hatten, um Handel zu treiben, und raubten deren Besitz.

ÜS 3 Konstruktions-Übersetzungs-Strategie (KÜS) **anwenden**

1–4 a

Abl. abs. — PC — S.-Akk. — AcI — Inf.
1. (Polybo occiso) Oedipus magno dolore affectus est [aestimans <patrem suum obisse>].

Infinitive	Partizipien	nd-Formen
obisse	occiso, aestimans	–

Übersetzung ohne Konstruktionen: Ödipus (wurde mit großem Schmerz versehen) befiel großer Schmerz
Übersetzung ganzer Satz: Nach dem Tod des Polybos befiel Ödipus großer Schmerz, weil er glaubte, dass sein Vater gestorben sei.

PC — S.-Akk — AcI — Inf.
2. Aegeus [credens <Theseum, filium suum, a Minotauro consumptum esse>] in mare se praecipitavit.

Infinitive	Partizipien	nd-Formen
consumptum esse	credens	–

Übersetzung ohne Konstruktionen: Aegeus stürzte sich kopfüber ins Meer
Übersetzung ganzer Satz: Aegeus stürzte sich kopfüber ins Meer, weil er glaubte, dass Theseus, sein Sohn, vom Minotaurus getötet worden sei.

Abl. abs. — Akk.-Obj. — Abl. sep. — Inf.
3. (Hac oratione ab Diviciaco habita) omnes, qui aderant, <auxilium a Caesare petere> coeperunt.

Infinitive	Partizipien	nd-Formen
petere	habita	–

Übersetzung ohne Konstruktionen: alle, die anwesend waren, begannen
Übersetzung ganzer Satz: Nachdem diese Rede von Diviciacus gehalten worden war, begannen alle, die anwesend waren, Cäsar um Hilfe zu bitten (von Cäsar Hilfe zu erbitten).

PC — Gerundium — Inf.
4. [His rebus adducti] Helvetii constituerunt ea, quae ad proficiscendum pertinerent, comparare.

Infinitive	Partizipien	nd-Formen
comparare	adducti	proficiscendum

Übersetzung ohne Konstruktionen: die Helvetier beschlossen dies
Übersetzung ganzer Satz: Durch diese Ereignisse veranlasst beschlossen die Helvetier das, was zum Aufbruch erforderlich war, vorzubereiten.

PC S.-Akk. AcI Inf.

5. Hostes [proelio superati] statim legatos ad Caesarem miserunt, qui <se obsides daturos esse> polliciti sunt.

Infinitive	Partizipien	nd-Formen
daturos esse	superati	–

Übersetzung ohne Konstruktionen: die Feinde schickten sofort Gesandte zu Cäsar, die versprachen
Übersetzung ganzer Satz: Nachdem/weil die Feinde in der Schlacht besiegt worden waren, schickten sie sofort Gesandte zu Cäsar, die versprachen, dass sie Geiseln stellen werden.

Abl. abs. S.-Akk AcI Inf.

6. (Germanico bello confecto) multis de causis Caesar statuit <flumen Rhenum sibi transeundum esse>.

Infinitive	Partizipien	nd-Formen
esse	confecto	transeundum

Übersetzung ohne Konstruktionen: Cäsar beschloss aus vielen Gründen
Übersetzung ganzer Satz: Nach dem Ende des Germanenkrieges beschloss Cäsar aus vielen Gründen, dass er den Rhein überqueren müsse.

b

1. In Sicilia Moerus Dionysium, tyrannum crudelissimum, voluit interficere; quem satellites cum deprehendissent armatum, ad regem perduxerunt.	a) Akkusativ-Objekt b) Moerus
2. Qui interrogatus respondit se regem voluisse interficere; quem rex iussit crucifigi.	a) mit Partizip II b) crucifigi
3. A quo Moerus petit tridui commeatum, ut sororem suam nuptui collocaret, et daret tyranno Selinuntium, amicum suum, qui sponderet eum tertio die venturum esse.	a) sponderet b) eum
4. Cui rex indulsit commeatum ad sororem collocandam dicitque rex Selinuntio, nisi ad diem Moerus veniret, eum eandem poenam passurum esse.	a) sororem ist Akkusativ-Objekt zu collocare. b) um zu
5. Moerus collocata sorore cum reverteretur, repente tempestate et pluvia orta flumen ita increvit, ut nec transiri nec transnatari posset.	Subjekt des Hauptsatzes: flumen Subjekt(e) der Nebensätze: Moerus (cum), flumen (ut)
6. Ad cuius ripam Moerus consedit et flere coepit, ne amicus pro se periret.	Subjekt des Hauptsatzes: Moerus Subjekt des Nebensatzes: amicus
7. Dionysius autem Selinuntium crucifigi cum iuberet, ideo quod horae sex tertii iam diei essent nec veniret Moerus, ei Selinuntius respondit diem adhuc non praeterisse.	a) iuberet, respondit b) Infinitiv vorzeitig: praeterisse Infinitiv gleichzeitig: crucifigi
8. Cumque iam horae novem essent, rex iubet duci Selinuntium in crucem.	iubet

Übersetzung: 1. Auf Sizilien wollte Moerus den Dionysius, einen sehr grausamen Tyrannen, töten; als die Diener diesen bewaffnet ergriffen hatten, führten sie ihn zum König. 2. Als er gefragt worden war, antwortete er, dass er den König habe töten wollen; der König befahl, ihn zu kreuzigen. 3. Moerus bat (*im Lat.: dramatisches Präsens*) ihn (erbat von ihm) um einen Aufschub von drei Tagen, damit er seine Schwester verheiraten könne, und gab dem Tyrannen seinen Freund Selinuntius, der dafür bürgen sollte, dass er am dritten Tag (zurück)kommen werde. 4. Der König gewährte ihm den Aufschub, um seine Schwester zu verheiraten, und der König sagte zu Selinuntius, dass er dieselbe Strafe erleiden werde, wenn Moerus nicht rechtzeitig (auf den Tag) komme. 5. Als Moerus, nachdem seine Schwester verheiratet worden war, zurückkehren wollte, schwoll der Fluss, weil plötzlich ein Unwetter und Regen aufgekommen waren, so an, dass er weder überquert noch durchschwommen werden konnte. 6. Moerus setzte sich an dessen Ufer und begann zu weinen, dass nicht sein Freund für ihn sterben müsse. 7. Als aber Dionysius befahl, Selinuntius zu kreuzigen, weil ja schon sechs Stunden des dritten Tages (vergangen) seien und Moerus noch nicht komme, antwortete ihm Selinuntius, dass der Tag noch nicht vorüber sei. 8. Als schon neun Stunden (vergangen) waren, befahl (*im Lat.: dramatisches Präsens*) der König, dass Selinuntius zum Kreuz geführt werde.

Ende der Geschichte: Nachdem Moerus zunächst verzweifelt war, nahm er all seinen Mut zusammen, stürzte sich in den tosenden Fluss, durchquerte ihn unter größter Anstrengung, überstand einen Kampf mit Räubern und eilte nach Syrakus, um seinen Freund zu retten. Von Ferne sah er, wie Selinuntius zur Hinrichtung geführt wurde, und konnte in letzter Minute dessen Hinrichtung verhindern. Der König zeigte sich so beeindruckt von diesem Freundschaftsbeweis, dass er Moerus die Strafe erließ und den Wunsch äußerte, sie mögen ihn in ihre Freundschaft aufnehmen.
Die Geschichte wird von Hygin in seinen mythologischen Geschichten (*Fabulae*) erzählt und diente Friedrich Schiller als Vorlage für seine Ballade *Die Bürgschaft*.

ÜS 4! Text-Übersetzungs-Strategie (TÜS) **anwenden**

1–5 a

1.

Hauptsatz				Nebensätze				Konstruktionen						
Prädikate				Einleitungen				nd-Form		Infinitiv			Partizip	
1 ✗	2	3	4	0	1	2	3 ✗	Gerundium/ Gerundivum-V ✗	Gerundivum-N	Inf.	AcI ✗	NcI	PC	Abl. abs.
misit				cum, quem, si				(ad) … expugnandam		Achillem … moriturum esse				

Hauptsatz: Thetis schickte ihn (Achill) auf die Insel Skyros zu König Lycomedes.
Hilfsübersetzung: als/weil sie wusste, dass Achill, ihr Sohn, … sterben werde – den sie von Peleus hatte – wenn er ginge, um Troia zu erobern
Übersetzung: Weil Thetis wusste, dass ihr Sohn Achill, den sie von Peleus hatte, sterben werde, wenn er ginge, um Troja zu erobern, schickte sie ihn auf die Insel Skyros zu König Lycomedes.

2.

Hauptsatz				Nebensätze				Konstruktionen						
Prädikate				Einleitungen				nd-Form		Infinitiv			Partizip	
1 ✗	2	3	4	0 ✗	1	2	3	Gerundium/ Gerundivum-V	Gerundivum-N	Inf.	AcI	NcI	PC	Abl. abs. ✗
servabat													nomine mutato	

Hauptsatz: Jener bewahrte diesen unter seinen Töchtern in weiblicher Kleidung auf.
Hilfsübersetzung: nachdem der Name verändert worden war
Übersetzung: Jener bewahrte diesen mit falschem Namen unter seinen Töchtern in weiblicher Kleidung auf./Jener bewahrte diesen unter seinen Töchtern in weiblicher Kleidung auf und änderte seinen Namen/, nachdem er ihm einen anderen Namen gegeben hatte.

3.

Hauptsatz				Nebensätze				Konstruktionen						
Prädikate				Einleitungen				nd-Form		Infinitiv			Partizip	
1 ✗	2	3	4	0	1	2	3 ✗	Gerundium/ Gerundivum-V	Gerundivum-N	Inf.	AcI ✗	NcI	PC	Abl. abs.
miserunt				cum, qui, ut						eum occultari				

Hauptsatz: Die Anführer der Griechen schickten Gesandte (Redner) – unter ihnen Odysseus, den König von Ithaka – zu König Lycomedes.
Hilfsübersetzung: als sie aber erfahren hatten, dass er dort verborgen wird – die (baten) bitten sollten – dass er ihn den Griechen zu Hilfe schicke/ihn den Griechen zu Hilfe zu schicken
Übersetzung: Als aber die Anführer der Griechen erfahren hatten, dass er dort verborgen wird, schickten sie Gesandte – unter ihnen Odysseus, den König von Ithaka – zu König Lycomedes, die ihn bitten sollten, dass er ihn den Griechen zu Hilfe schicke.

4.

Hauptsatz				Nebensätze				Konstruktionen						
Prädikate				Einleitungen				nd-Form		Infinitiv			Partizip	
1	2	3	4	0	1	2	3	Gerundium/ Gerundivum-V	Gerundivum-N	Inf.	AcI	NcI	PC	Abl. abs.
X						X					X			
fecit				cum, ut						illum … esse				

Hauptsatz: Der König gab ihnen die Möglichkeit.
Hilfsübersetzung: als/weil/obwohl er ablehnte (sagte, dass nicht), dass jener bei ihm sei (sich aufhalte) – dass sie im Palast suchen
Übersetzung: Obwohl der König abstritt, dass sich jener bei ihm aufhalte, räumte er ihnen die Möglichkeit ein, im Palast zu suchen.

5.

Hauptsatz				Nebensätze				Konstruktionen						
Prädikate				Einleitungen				nd-Form		Infinitiv			Partizip	
1	2	3	4	0	1	2	3	Gerundium/ Gerundivum-V	Gerundivum-N	Inf.	AcI	NcI	PC	Abl. abs.
	X					X				X	X			
posuit, iussit				cum, quis						intellegere (Inf.), tubicinem … canere (AcI)				

Hauptsatz: Odysseus legte weibliche Geschenke, unter diesen ein Schild und einen Speer, in die Vorhalle des Palastes … und befahl plötzlich …
Hilfsübersetzung: Als/weil/obwohl diese nicht erkennen konnten – wer/welcher von diesen er war – dass der Trompeter in die Trompete blasen solle
Übersetzung: Weil diese nicht erkennen konnten, wer von diesen (Mädchen) er war, legte Odysseus Geschenke für Frauen, darunter ein Schild und einen Speer, in die Vorhalle des Palastes und ließ den Trompeter plötzlich in die Trompete blasen.

6.

Hauptsatz				Nebensätze				Konstruktionen						
Prädikate				Einleitungen				nd-Form		Infinitiv			Partizip	
1	2	3	4	0	1	2	3	Gerundium/ Gerundivum-V	Gerundivum-N	Inf.	AcI	NcI	PC	Abl. abs.
		X		X							X		X	
dilaniavit, arripuit, est cognitus										hostem … adesse			arbitrans	

Hauptsatz: Achilles zerriss die Frauenkleidung und ergriff Schild und Speer; an diesem ist er erkannt worden.
Hilfsübersetzung: der/weil er glaubte, dass ein Feind da sei
Übersetzung: Weil Achilles glaubte, dass ein Feind da sei, riss er sich die Frauenkleider vom Leib und ergriff Schild und Speer; daran wurde er erkannt.

b

1. Scipio: Römischer Feldherr; Carthago Nova: Stadt in Spanien; Hispania: Spanien
Wo spielt die Geschichte vermutlich? In Carthago Nova in Spanien. Wer ist die Hauptperson? Scipio.

2. 1. Scipio oppugnabat 2. Nulla spes erat 3.(Scipio) ius dicebat; oppidum videbatur 4. Unus (e militibus) interrogavit 5. Scipio inquit: „(milites) se sistant“ 6. factum est: oppidum captum est, (Scipio) ius dixit

3. 1. Scipio belagerte Carthago Nova 2. Es gab keine Hoffnung 3. An einem Tag/Eines Tages sprach er Recht; und diese Stadt wurde in der Ferne gesehen (man sah) 4. Dann fragte einer seiner Soldaten 5. Scipio sagte: „(die Soldaten) sollen sich aufstellen“ 6. Und so ist es geschehen; am dritten Tag ist die Stadt erobert worden; an demselben Tag sprach er in dieser Stadt Recht

c

1.

Hauptsatz				Nebensätze				Konstruktionen						
Prädikate				Einleitungen				nd-Form		Infinitiv			Partizip	
1	2	3	4	0	1	2	3	Gerundium/ Gerundivum-V	Gerundivum-N	Inf.	AcI	NcI	PC	Abl. abs.
X				X									X	
oppugnabat													oppidum … munitum	

Hauptsatz: Scipio belagerte Carthago Nova.
Hilfsübersetzung: eine Stadt in Spanien gelegen – mit Mauern und Verteidigern befestigt
Übersetzung: Scipio belagerte Carthago Nova, eine in Spanien gelegene Stadt, die durch Mauern und Schutztruppen geschützt war.

2.

Hauptsatz				Nebensätze				Konstruktionen						
Prädikate				Einleitungen				nd-Form		Infinitiv			Partizip	
1	2	3	4	0	1	2	3	Gerundium/ Gerundivum-V	Gerundivum-N	Inf.	AcI	NcI	PC	Abl. abs.
X				X				X						
erat								potiendi						

Hauptsatz: Es war keine Hoffnung.
Hilfsübersetzung: diese zu erobern
Übersetzung: Es gab keine Hoffnung, diese zu erobern.

3.

Hauptsatz				Nebensätze				Konstruktionen						
Prädikate				Einleitungen				nd-Form		Infinitiv			Partizip	
1	2	3	4	0	1	2	3	Gerundium/ Gerundivum-V	Gerundivum-N	Inf.	AcI	NcI	PC	Abl. abs.
	X			X									X	
dicebat, videbatur													sedens	

Hauptsatz: Eines Tages sprach er Recht; und von diesem Ort aus wurde in der Ferne diese Stadt gesehen.
Hilfsübersetzung: in dem Lager sitzend
Übersetzung: Eines Tages saß er im Lager und regelte Rechtsstreitigkeiten; von diesem Ort aus sah man in der Ferne diese Stadt.

4.

Hauptsatz				Nebensätze				Konstruktionen						
Prädikate				Einleitungen				nd-Form		Infinitiv			Partizip	
1	2	3	4	0	1	2	3	Gerundium/ Gerundivum-V	Gerundivum-N	Inf.	AcI	NcI	PC	Abl. abs.
X						X								
interrogavit				qui, (in) quem										

Hauptsatz: Dann fragte einer von seinen Soldaten.
Hilfsübersetzung: die bei der Rechtsprechung neben ihm standen – auf welchen Tag und Ort er den nächsten Gerichtstermin festsetze
Übersetzung: Dann fragte einer von seinen Soldaten, die bei der Rechtsprechung neben ihm standen, auf welchen Tag und an welchem Ort er den nächsten Gerichtstermin festsetze.

5.

Hauptsatz				Nebensätze				Konstruktionen						
Prädikate				Einleitungen				nd-Form		Infinitiv			Partizip	
1	2	3	4	0	1	2	3	Gerundium/ Gerundivum-V	Gerundivum-N	Inf.	AcI	NcI	PC	Abl. abs.
	x				x								x	
inquit, sistant				quod									protendens	

Hauptsatz: Scipio sagte: „Übermorgen sollen sie sich an jenem Ort aufstellen."
Hilfsübersetzung: die Hand auf die Stadt ausstreckend – die belagert wurde
Übersetzung: Scipio zeigte mit der Hand auf die Stadt, die belagert wurde, und sagte: „Übermorgen sollen sie sich an jenem Ort aufstellen."

6.

Hauptsatz				Nebensätze				Konstruktionen						
Prädikate				Einleitungen				nd-Form		Infinitiv			Partizip	
1	2	3	4	0	1	2	3	Gerundium/ Gerundivum-V	Gerundivum-N	Inf.	AcI	NcI	PC	Abl. abs.
		x		x										
factum est, captum est, dixit														

Übersetzung: Und so ist es geschehen: Am dritten Tag wurde die Stadt eingenommen; und an demselben Tag regelte er in dieser Stadt Rechtsstreitigkeiten.

Achilles, -is: Achilles/Achill, größter Held unter den Griechen, die Troia belagerten.
Aeneas, -ae: Äneas, ein Troianer; er trug der Sage nach seinen Vater aus dem brennenden Troia. Anschließend irrte er mit den flüchtenden Troianern viele Jahre übers Meer, um eine neue Heimat zu finden. Nach einem längeren Aufenthalt bei Königin Dido in Karthago kam er nach Italien, gründete dort eine Stadt und wurde zum Stammvater des römischen Volkes.
Aetna, -ae: der Vulkan Ätna auf Sizilien.
Afer, Afri: Name eines punischen Sklaven.
Alpes, -ium: die Alpen.
Ariadna, -ae: Ariadne, Tochter des Königs Minos von Kreta; sie verliebte sich in Theseus, der nach Kreta gekommen war, um den Minotaurus zu töten.
Asia, -ae: Kleinasien; heute die westliche Türkei.
Augustus, -i: Gaius Iulius Caesar Octavianus (63 v. Chr.–14 n. Chr.); er wurde 31 v. Chr. Alleinherrscher (*princeps*) im Römischen Reich und erhielt 27 v. Chr. den Ehrentitel Augustus („der Erhabene").
Caesar, -is: Gaius Iulius Caesar (100–44 v. Chr.), römischer Politiker, 59 v. Chr. Konsul; er machte im Gallischen Krieg das gesamte Gebiet Galliens zur römischen Provinz und schrieb Berichte über seine Feldzüge (*De bello Gallico*).
Carthaginienses, -ium: die Karthager, Einwohner von Karthago.
Carthago, -inis: Karthago, Handelsstadt an der Küste Nordafrikas (im heutigen Tunesien); der Sage nach von Königin Dido gegründet; es führte drei Kriege gegen Rom (Punische Kriege). Anführer der Karthager im Zweiten Punischen Krieg war Hannibal.
Carthago Nova, Carthaginis Novae: Cartagena, Stadt in Spanien.
Catilina, -ae: römischer Adliger, der 63 v. Chr. eine Verschwörung gegen den römischen Staat anzettelte, die vom Konsul Cicero aufgedeckt wurde.
Ceres, Cereris: römische Göttin der Erde und der Früchte; Mutter der Proserpina, die vom Unterweltsgott Pluto geraubt wurde.
Cicero, -onis: Marcus Tullius Cicero (106–43 v. Chr.), bedeutender römischer Politiker, Redner und Schriftsteller; 63 v. Chr. Konsul, 43 v. Chr. von politischen Gegnern ermordet.
Circa, -ae: Circe, der Sage nach eine Zauberin, die auf der Insel Aiaia lebte und alle Menschen, die auf ihrer Insel landeten, in Tiere verwandelte, so auch die Gefährten des Odysseus.
Circus Maximus, -i: der größte Circus in Rom, mit Plätzen für 250 000 Zuschauer und einer 600 Meter langen Rennbahn für Wagenrennen.
Cleopatra, -ae: Kleopatra, seit 51 v. Chr. Königin von Ägypten, Geliebte von Cäsar und später auch von Antonius; sie beging 31 v. Chr. Selbstmord.
Coriolanus,- i: Gaius Marcius Coriolanus, Coriolan, römischerAdliger und Heerführer, der nach Auseinandersetzungen mit Senat und Volk gezwungen wurde, Rom zu verlassen, und daraufhin ein feindliches Nachbarvolk im Krieg gegen die Römer unterstützte. Als er Rom belagerte, brachte seine Mutter ihn dazu, die Stadt zu verschonen.
Crassus, -i: Marcus Crassus, Befehlshaber in Cäsars Heer in Gallien.
Creta, -ae: die griechische Insel Kreta.
Daedalus, -i: Dädalus, in der griechischen Sage berühmter Erfinder; er baute u. a. das Labyrinth für den Minotaurus auf Kreta. Von dort floh er mit selbst gebauten Flügeln, wobei sein Sohn Ikarus abstürzte.
Etrusci, -orum: uraltes Volk mit hoch entwickelter Kultur, das vor der Gründung Roms Mittelitalien beherrschte.
Flavia, -ae: Name eines römischen Mädchens.
Flavus, -i: Name eines Sklaven aus Germanien.
Galla, -ae: Name einer römischen Sklavin („die Gallierin").
Galli, -orum: die Gallier, Bewohner von Gallien.
Gallia, -ae: Gallien; Gebiet, das die keltischen Gallier besiedelten und das von Cäsar zur römischen Provinz gemacht wurde. Es umfasste ungefähr Frankreich und Belgien.
Germani, -orum: die Germanen, Bewohner von Germanien.
Germania, -ae: Germanien, das Gebiet nördlich des Limes bzw. des Rheins und der Donau.
Graecia, -ae: Griechenland.
Graeci, -orum: die Griechen, Bewohner von Griechenland.
Hannibal, -is: 247–183 v. Chr., Anführer der Karthager im Zweiten Punischen Krieg (218–202 v. Chr.) gegen die Römer; er führte sein Heer mit Elefanten von Norden über die Alpen auf römisches Gebiet und brachte den Römern eine Reihe schwerer Niederlagen bei.
Helena, -ae: schönste Frau im griechischen Mythos; Frau des Spartanerkönigs Menelaos. Sie wurde vom Troianerprinzen Paris nach Troia entführt.
Helvetii, -orum: die Helvetier, Volk in der heutigen Schweiz.
Hennenses, -ium: die Einwohner von Henna (heute: Enna), Stadt auf Sizilien.
Hercules, -is: Herkules, Held der griechischen Sage, der mit übermenschlicher Kraft schier unlösbar Aufgaben erledigte.
Hispania, -ae: Gebiet des heutigen Spanien, römische Provinz.
Homerus, -i: Homer, ältester griechischer Dichter, lebte um 700 v. Chr.; er gilt als Verfasser der Epen *Ilias* (über den Troianischen Krieg) und *Odyssee* (über die Irrfahrten des Odysseus).
Ianus, -i: Janus, römischer Gott der Tore und des Anfangs, mit zwei in entgegengesetzte Richtung blickenden Gesichtern; sein Tempel in Form eines Torbogens stand im Norden des Forum Romanum.
Italia, -ae: Italien.
Ithaca, -ae: Ithaka, griechische Insel, Heimat des Odysseus.
Iuno, -onis: Juno, oberste römische Göttin, Gattin des Jupiter.
Laeca, -ae: Marcus Laeca, Mitverschwörer des Catilina 63 v. Chr.
Latinus, -i: mythischer König von Latium, der Gegend in Italien, in der Äneas aus Troia landete; seine Tochter heiratete Äneas.
Latium, -i: Landschaft in Mittelitalien.
Lycomedes, -is: König auf der griechischen Insel Skyros.
M.: Abkürzung des römischen Vornamens Marcus.
Macer: Beiname eines römischen Hausherrn.
Marius, -i: römischer Politiker, Anführer der Popularen im 88 v. Chr. ausgebrochenen Bürgerkrieg gegen Sulla.
Minerva, -ae: Göttin der Künste, des Handwerks und auch des Kriegs, Tochter des Jupiter.
Minotaurus, -i: ein Monster, dem die Athener Menschen opfern mussten.
Nervii, -orum: belgischer Volksstamm.
Oedipus, -podis: Ödipus, als Kind von seinemVater Laios, König von Theben, ausgesetzt und von König Polybos von Korinth adoptiert; er tötet später unwissentlich seinen Vater und heiratet seine Mutter.
Orpheus, -ei: sagenhafter Sänger, der mit seinem Gesang sogar Tiere bezaubern konnte.
Paris, -idis: Prinz aus Troia; er entführt Helena aus Sparta und löst damit den Troianischen Krieg aus.
Peleus, -i: mythischer König in Thessalien, Vater des Achill.
Penelopa, -ae: Frau des Odysseus.
Pompeius, -i: Gnaeus Pompeius Magnus (106–48 v. Chr.), Pompejus, römischer Politiker und Feldherr im 1. Jh. v. Chr.; zunächst mit Cäsar verbündet, dann verfeindet. Er wurde 48 v. Chr. bei seiner Landung in Alexandria (Ägypten) ermordet.
Ptolemaeus, -i: Ptolemäus, König von Ägypten, Bruder der Kleopatra.
Quintus, -i: römischer Vorname.
Quirites, -(i)um: Anrede für die römischen Bürger.
Remus, -i: der Sage nach, zusammen mit seinem Bruder Romulus, Gründer von Rom; er wurde bei der Gründung von seinem Bruder im Streit ermordet.
Rhenus, -i: der Rhein.
Roma, -ae: die Stadt Rom.
Romani, -orum: die Römer.
Romulus, -i: der Sage nach, zusammen mit seinem Bruder Remus, Gründer von Rom; er erschlug seinen Bruder bei der Gründung im Streit.
Sabini, -orum: die Sabiner, Nachbarvolk der Römer; deren Töchter wurden von den Römern entführt, als sie nach der Gründung Roms einer Einladung in die Stadt gefolgt waren. Später vereinigten sich beide Völker.
Scipio, -onis: römischer Heerführer; er besiegte Hannibals Heer im Zweiten Punischen Krieg.
Scyros, Akk.: Scyron: Skyros, eine griechische Insel.
Siculi, -orum: die Sizilianer, Bewohner von Sizilien.
Suetonius, -i: römischer Schriftsteller (ca. 75–150 n. Chr.), der Biographien berühmter Persönlichkeiten der Antike verfasst hat.
Sulla, -ae: römischer Politiker, Anführer der Optimaten in den 88 v. Chr. ausgebrochenen Bürgerkriegen; von 82 bis 79 v. Chr. Diktator in Rom.
Tarquinius, -i: letzter etruskischer König von Rom; er wurde 510 v. Chr. gestürzt und aus der Stadt vertrieben.
Theseus, -i: Königssohn aus Athen; er besiegte den Minotaurus und gelangte mithilfe der Ariadne aus dem Labyrinth heraus.
Thetis, -idis: Meeresnymphe, Mutter des Achill.
Tiberis, -is: der Fluss Tiber in Rom.
Troia, -ae: Stadt in Kleinasien, der Sage nach von den Griechen nach zehnjähriger Belagerung erobert und zerstört.
Troiani, -orum: die Troianer, Einwohner von Troia.
Ulixes, -is: Odysseus, König der griechischen Insel Ithaka, einer der Anführer der Griechen im Troianischen Krieg; er überlistete die Troianer mit dem hölzernen Pferd und gelangte nach Kriegsende erst nach einer zehnjährigen Irrfahrt zu seiner Frau Penelope zurück.
Verres, -is: römischer Proprätor in Sizilien, von Cicero wegen verbrecherischer Amtsführung 70 v. Chr. angeklagt.

a

a/ab (*m. Abl.*)	von (... her), von ... weg; seit
abdere, -do, -didi, -ditum	verstecken, verbergen
abducere, -duco, -duxi, -ductum	wegführen; (weg)bringen; verschleppen
abesse, -sum, afui, –	abwesend sein, fehlen; entfernt sein
abire, -eo, -ii, -itum	(weg)gehen
accidere, áccidit, áccidit	sich ereignen, zustoßen
accipere, -cipio, -cepi, -ceptum	annehmen, empfangen; aufnehmen
accurrere, -curro, -curri, -cursum	herbeilaufen, angelaufen kommen
acer, acris, acre	heftig; hitzig; hart; scharf
acerbus, -a, -um	bitter; scharf; hart, heftig
acies, aciei *f.*	der/das (kampfbereite) Trupp/Heer; die Schlachtordnung
ad (*m. Akk.*)	zu; zu ... hin; an; bei
adducere, -duco, -duxi, -ductum	heranführen; veranlassen
adeo (*Adv.*)	so sehr
adesse, -sum, adfui/affui, –	anwesend sein, da sein; (*m. Dat.*) helfen
adhibēre, -hibeo, -hibui, -hibitum	anwenden; hinzuziehen
adhortari, -or, -atus sum	aufmuntern, anfeuern
adhuc	noch (immer); bis jetzt, bis dahin
adire, -eo, -ii, -itum	hingehen; herantreten; ansprechen
adiuvare, -o, -iuvi, iutum	helfen, unterstützen
administrare, -o, -avi, -atum	verwalten
advenire, -venio, -veni, -ventum	ankommen
adventus, -us *m.*	die Ankunft
adversus, -a, -um	ungünstig, widrig; feindlich
aedis, aedis *f.*; *Gen. Pl.* aedium	der Tempel; *Pl. auch* das Haus
aestimare, -o, -avi, -atum	(ein)schätzen
aetas, -tatis *f.*	das Alter; das Zeitalter
afferre, -fero, attuli, allatum	(herbei)bringen; melden
afficere, -ficio, -feci, -fectum	versehen (*m. etw.*)
ager, agri *m.*	der Acker, das Feld; das Gebiet
agere, ago, egi, actum	tun; handeln; aufführen; (*m. Adv. und* cum) umgehen (*m. jmdm.*)
aggredi, -gredior, -gressus sum	(*an jmdn.*) herantreten; angreifen, überfallen
agmen, agminis *n.*	der (Heeres-)Zug, die Schar
alienus, -a, -um	fremd
aliquando	irgendwann (einmal); einst
aliquis, aliquid/aliqui, aliqua, aliquod	irgendjemand, -etwas/irgendein(e)
alius, alia, aliud; *Gen.* alterius, *Dat.* alii	ein anderer
alter, altera, alterum; *Gen.* alterius, *Dat.* alteri	der eine; der andere (*von zwei Personen*)
altus, -a, -um	hoch; tief
amare, -o, -avi, -atum	lieben; verliebt sein
ambulare, -o, -avi, -atum	(spazieren) gehen
amica, -ae *f.*	die Freundin
amicus, -i *m.*	der Freund
amittere, -mitto, -misi, -missum	verlieren
amor, -oris *m.*	die Liebe
amplus, -a, -um	groß(artig); bedeutend; angesehen
animus, -i *m.*	das Herz; der Sinn; der Mut; der Geist
annus, -i *m.*	das Jahr
ante (*m. Akk.*)	vor
antiquus, -a, -um	alt, ehrwürdig
apud (*m. Akk.*)	bei; in der Nähe von
aqua, -ae *f.*	das Wasser
arbitrari, -or, -atus sum	glauben, meinen
arcēre, -eo, -ui, –	abwehren; fernhalten
ardor, -oris *m.*	die Hitze; die Begeisterung; das Temperament
arma, armorum *n.* (*Pluralwort*)	die Waffen
armare, -o, -avi, -atum	bewaffnen
ars, artis *f.*; *Gen. Pl.* artium	die Kunst; die Geschicklichkeit; das Handwerk
asper, aspera, asperum	hart; grob, beleidigend; rau
atque/ac	und, und auch
auctor, -oris *m.*	der (Be-)Gründer; der Anstifter, der Veranlasser; der Verfasser
auctoritas, -tatis *f.*	das Ansehen; der Einfluss
audēre, -eo, ausus sum	wagen
audire, -io, -ivi, -itum	(an-, er-, zu)hören
auferre, -fero, abstuli, ablatum	wegnehmen; entfernen; rauben
augēre, augeo, auxi, auctum	vergrößern, vermehren
aurum, -i *n.*	das Gold
aut	oder
autem (*nachgestellt*)	aber, (je)doch
auxilium, auxilii *n.*	die Hilfe, die Unterstützung

b

bárbarus, -a, -um	barbarisch, wild; *Subst.* der Barbar, der Nichtrömer, der Nichtgrieche
beatus, -a, -um	glücklich; reich
bellum, -i *n.*	der Krieg
bellus, -a, -um	hübsch; schön
bene (*Adv.*)	gut
bestia, -ae *f.*	das wilde Tier
bonus, -a, -um	gut; tüchtig; gütig
brevis, brevis, breve	kurz

c

cadere, cado, cécidi, –	fallen, sinken
caedere, caedo, cecidi, caesum	niederschlagen; töten
caelum, -i *n.*	der Himmel; das Klima
canere, cano, cecini, cantatum	(be)singen
cantare, -o, -avi, -atum	singen
capere, capio, cepi, captum	(ein)nehmen, erobern; (er)fassen, (er)greifen
caput, capitis *n.*	der Kopf; die Hauptstadt
carcer, carceris *n.*	der Kerker, das Gefängnis
carus, -a, -um	lieb, teuer
castra, castrorum *n.* (*Pluralwort*)	das Lager

casus, -us *m.*	der Fall, der Zufall; das Unglück, der Schicksalsschlag
causa *(m. Gen; nachgestellt)*	wegen; um ... zu
causa, -ae *f.*	der Grund; der Prozess, der Streitfall
cavēre, caveo, cavi, cautum *(m. Akk.)*	sich hüten *(vor)*; Acht geben *(auf)*
celer, celeris, celere	schnell
certus, -a, -um	sicher, gewiss; bestimmt; zuverlässig
ceteri, -ae, -a	die Übrigen
cito	schnell, rasch
civis, civis *m./f.*; *Gen. Pl.* civium	der/die Bürger(in), der/die Mitbürger(in)
civitas, -tatis *f.*	der Staat; der Stamm; die Gemeinschaft der Bürger
clam *(Adv.)*	heimlich
clarus, -a, -um	hell, klar; berühmt
claudere, claudo, clausi, clausum	(ab-, ein)schließen
clemens; *Gen.* clementis	sanft(mütig), mild
cogere, cogo, coegi, coactum	sammeln; zwingen
cogitare, -o, -avi, -atum	denken (an); nachdenken (über); *(m. Inf.)* beabsichtigen
cognoscere, -nosco, -novi, -nitum	erfahren; erkennen; kennen lernen
colere, colo, colui, cultum	pflegen; verehren; bebauen
collocare, -o, -avi, -atum	(auf-, hin)stellen, (hin)setzen, legen
commovēre, -moveo, -movi, -motum	erregen; bewegen, veranlassen
communis, communis, commune	gemeinsam; allgemein
commutare, -o, -avi, -atum	verändern, verwandeln
comparare, -o, -avi, -atum	(vor)bereiten, beschaffen
comperire, -perio, -peri, -pertum	erfahren, in Erfahrung bringen
conari, -or, -atus sum	versuchen
comprimere, -primo, -pressi, -pressum	zusammendrücken; unterdrücken
concordia, -ae *f.*	die Eintracht
concurrere, -curro, -curri, -cursum	zusammenlaufen, zusammentreffen, zusammenstoßen
condere, -do, -didi, -ditum	gründen; aufbewahren; bestatten
conferre, -fero, -tuli, collatum	zusammentragen, -bringen; -fassen
conficere, -ficio, -feci, -fectum	beenden, erledigen
confirmare, -o, -avi, -atum	bekräftigen; stärken, ermutigen
coniuratio, -onis *f.*	die Verschwörung
consequi, -sequor, -secutus sum	erreichen; nachfolgen
conservare, -o, -avi, -atum	retten, erhalten; einhalten
consilium, consilii *n.*	der Rat(schlag); der Plan; der Entschluss; die Absicht
consistere, -sisto, -stiti, –	stehen bleiben; sich hinstellen; bestehen (aus)
conspicere, -spicio, -spexi, -spectum	erblicken
constat	es steht fest, es ist bekannt
constituere, -stituo, -stitui, -stitutum	beschließen; festsetzen
consul, consulis *m.*	der Konsul
consulere, -sulo, -sului, -sultum	*(m. Akk.)* um Rat fragen, befragen; *(m. Dat.)* sorgen für
consultum, -i *n.*	der Beschluss
consumere, -sumo, -sumpsi, -sumptum	verbrauchen, verwenden; zubringen
contendere, -tendo, -tendi, -tentum	sich anstrengen; eilen; kämpfen; behaupten
contra *(m. Akk)*	gegen
convenire, -venio, -veni, -ventum	zusammenkommen; -passen; *(m. Akk.)* treffen
convocare, -o, -avi, -atum	zusammenrufen; versammeln
copia, -ae *f.*	der Vorrat; die Menge; *Pl. auch* die Truppen
corpus, corporis *n.*	der Körper; der Leib
cot(t)idie	täglich, Tag für Tag
credere, credo, credidi, creditum	glauben; (an)vertrauen
crimen, criminis *n.*	der Vorwurf; das Verbrechen
crudelis, crudelis, crudele	grausam
cum *(m. Abl.)*	(zusammen) mit
cum *(m. Ind.)*	als; als plötzlich; (immer) wenn; sobald
cum *(m. Konj.)*	als, nachdem; da, weil; obwohl
cupere, cupio, cupivi, cupitum	wünschen, begehren, verlangen
cupidus, -a, -um *(m. Gen.)*	bestrebt; (be)gierig *(nach)*
cur?	warum?
cura, -ae *f.*	die Sorge; die Sorgfalt
currere, curro, cucurri, cursum	laufen; eilen

d

dare, do, dedi, datum	(von sich) geben; gestatten
de *(m. Abl.)*	von; von ... herab; über; in Bezug auf
dea, deae *f.*	die Göttin
debēre, -eo, -ui, -itum	*(m. Inf.)* müssen; verdanken; schulden
decem	zehn
decernere, -cerno, -crevi, -cretum	entscheiden, beschließen
deditio, -onis *f.*	die Übergabe, die Kapitulation
defendere, -fendo, -fendi, -fensum	verteidigen; abwehren
defensor, -oris *m.*	der Verteidiger
deferre, -fero, -tuli, -latum	hin(ab)bringen; melden
deinde	dann, darauf; von da an
delēre, deleo, delevi, deletum	zerstören, vernichten
depellere, -pello, -puli, -pulsum	herabstoßen, vertreiben
deprehendere, -prehendo, -prehendi, -prehensum	entdecken; ergreifen; überraschen
desinere, -sino, -sii, -situm	aufhören
deus, dei *m.*; *Nom. Pl. auch* di	der Gott
dexter, dext(e)ra, dext(e)rum	rechts; *Subst.* die rechte Hand; die rechte Seite
dicere, dico, dixi, dictum	sagen; sprechen; nennen
dies, diei *m.*	der Tag
differre, -fero, distuli, dilatum	aufschieben, verschieben; sich unterscheiden
difficilis, difficilis, difficile	schwierig

dignus, -a, -um *(m. Abl.)*	*(einer Sache/Person)* würdig; angemessen
diligens; *Gen.* diligentis	gewissenhaft, sorgfältig
diligentia, -ae *f.*	die Gewissenhaftigkeit, die Sorgfalt
diripere, -ripio, -ripui, -reptum	ausrauben, plündern
discedere, -cedo, -cessi, -cessum	weggehen, verschwinden
discere, disco, didici, –	lernen; in Erfahrung bringen
disputare, -o, -avi, -atum	erörtern, diskutieren
diu	lange, lange Zeit
docēre, -eo, -ui, doctum	unterrichten; lehren
dolor, -oris *m.*	der Schmerz; die Trauer
domina, -ae *f.*	die (Haus-)Herrin
dominus, -i *m.*	der (Haus-)Herr
domus, -us *f.*	das Haus *(in der Stadt)*
donare, -o, -avi, -atum	(be)schenken
dubitare, -o, -avi, -atum	zögern; zweifeln
ducere, duco, duxi, ductum	führen; ziehen; *(m. doppeltem Akk.)* halten für
dulcis, dulcis, dulce	süß; angenehm, lieb(lich)
dum *(m. Ind. Präs.)*	während
dum	solange; (solange) bis
duo, duae, duo	zwei
dux, ducis *m.*	der Führer; der Feldherr

e

e/ex *(m. Abl.)*	(her)aus; von (... an); entsprechend
edere, edo, edidi, editum	verkünden; herausgeben
efferre, -fero, extuli, elatum	heraustragen; herausheben; hervorbringen
effugere, -fugio, -fugi, –	entfliehen; vermeiden
ego/me	ich/mich
egredi, egredior, egressus sum	hinausgehen, verlassen
egregius, -a, -um	hervorragend, ausgezeichnet
eicere, eicio, eieci, eiectum	hinauswerfen, vertreiben
emere, emo, emi, emptum	kaufen
enim *(nachgestellt)*	denn, nämlich
epistula, -ae *f.*	der Brief
eques, equitis *m.*	der Reiter; der Ritter
equitatus, -us *m.*	die Reiterei
equus, -i *m.*	das Pferd
eripere, -ripio, -ripui, -reptum	entreißen
errare, -o, -avi, -atum	(umher)irren; sich irren
erumpere, -rumpo, -rupi, -ruptum	ausbrechen, hervorbrechen
esse, sum, fui, –	sein
et	und; auch
etenim	nämlich
etiam	auch; sogar
evadere, -vado, -vasi, – *(m. Akk./ex)*	entkommen, entgehen
exemplum, -i *n.*	das Beispiel
exercitus, -us *m.*	das Heer
exilium, exilii *n.*	die Verbannung, das Exil
exire, -eo, -ii, –	hinausgehen
existimare, -o, -avi, -atum	meinen; schätzen
exitus, -us *m.*	der Ausgang; das Ende; der Tod
expellere, -pello, -puli, -pulsum	ausstoßen, vertreiben
explanare, -o, -avi, -atum	erklären, deutlich machen
exponere, -pono, -posui, -positum	ausstellen; aussetzen; darlegen
expugnare, -o, -avi, -atum	erobern, erstürmen
exspectare, -o, -avi, -atum	warten (auf), erwarten

f

fabula, -ae *f.*	die Geschichte, die Erzählung; das Theaterstück
facere, facio, feci, factum	machen
facilis, facilis, facile	leicht, mühelos; umgänglich
facinus, facinoris *n.*	die Tat; die Untat
falsus, -a, -um	falsch
fama, -ae *f.*	das Gerücht; der Ruf
fanum, -i *n.*	das Heiligtum
fatum, -i *n.*	das Schicksal
felix; *Gen.* felicis	glücklich; vom Glück begünstigt
femina, -ae *f.*	die Frau
fere	beinahe, fast; ungefähr
ferre, fero, tuli, latum	bringen, tragen; ertragen; berichten
ferrum, -i *n.*	das Eisen; die Waffe
ferus, -a, -um	wild
fides, fidei *f.*	das Vertrauen; der Glaube; die Treue
filia, -ae *f.*	die Tochter
filius, filii *m.*	der Sohn
finire, -io, -ivi, -itum	(be)enden
finis, finis *m.*	das Ende; die Grenze; der Zweck; *Pl.* das Gebiet
finitimus, -a, -um	benachbart
flumen, fluminis *n.*	der Fluss
fortis, fortis, forte	tapfer, mutig; kräftig
fortuna, -ae *f.*	das Schicksal; das Glück; die Lage
forum, -i *n.*	das Forum, der Marktplatz
frater, fratris *m.*	der Bruder
frequens; *Gen.* frequentis	zahlreich; häufig
frumentum, -i *n.*	das Getreide
fuga, -ae *f.*	die Flucht
fugere, fugio, fugi, –	fliehen
futurus, -a, -um	*PFA von* esse

g

gaudēre, gaudeo, gavisus sum	sich freuen
gaudium, gaudii *n.*	die Freude
gens, gentis *f.; Gen. Pl.* gentium	das Volk; das Geschlecht
genus, generis *n.*	das Geschlecht; die Art; die Gattung
gerere, gero, gessi, gestum	(aus)führen; tragen
gloria, -ae *f.*	der Ruhm, die Ehre
gratia, -ae *f.*	der Dank; die Beliebtheit; die Gunst
gravis, gravis, grave	schwer(wiegend), gewichtig; ernst

h

habēre, -eo, -ui, -itum	haben; halten
heri	gestern
hic	hier
hic, haec, hoc	dieser, diese, dieses

hodie	heute
homo, hominis *m.*	der Mensch; der Mann; (*Pl. auch*) die Leute
honestus, -a, -um	anständig; angesehen, ehrenhaft
honos/honor, honoris *m.*	die Ehre; das Ehrenamt
hora, -ae *f.*	die Stunde
hortari, -or, -atus sum	auffordern; ermuntern; ermahnen
hospes, hospitis *m.*	der Gast; der Gastgeber
hostis, hostis *m.; Gen. Pl.* hostium	der Feind
humanus, -a, -um	menschlich; gebildet
i	
iam	schon; bereits
ibi	dort, da
idem, eadem, idem	derselbe, der gleiche
ideo	daher, deshalb
idoneus, -a, -um	geeignet; fähig
ignis, ignis *m.; Gen. Pl.* ignium	das Feuer, der Brand
ignorare, -o, -avi, -atum	nicht wissen, nicht kennen
ille, illa, illud	jener, jene, jenes (berühmte/berüchtigte); der, die, das zuerst genannte
imperare, -o, -avi, -atum	befehlen; herrschen
imperator, -oris *m.*	der Kaiser; der Feldherr
imperium, imperii *n.*	der Befehl; die Herrschaft; das Reich
impetus, -us *m.*	der Angriff; der Schwung
in (*m. Abl.*)	in, an, auf; während
in (*m. Akk.*)	in, an, auf; nach; gegen(über)
incendere, -cendo, -cendi, -censum	anzünden; entflammen, in Aufregung versetzen
incendium, incendii *n.*	der Brand, das Feuer
incipere, incipio, coepi, inceptum	anfangen, beginnen
incolumis, incolumis, incolume	unversehrt, heil
incredibilis, incredibilis, incredibile	unglaublich
indicium, indicii *n.*	die Anzeige, der Beweis
infelix; *Gen.* infelicis	unglücklich
inferre, -fero, -tuli, illatum	hineintragen; zufügen
inflammare, -o, -avi, atum	anzünden
ingens; *Gen.* ingentis	gewaltig, ungeheuer
inimicus, -a, -um	feindlich; *Subst.* der Feind
inire, -eo, -ii, -itum	(hin)eingehen; beginnen
iniuria, -ae *f.*	das Unrecht; die Gewalttat; die Ungerechtigkeit
inopia, -ae *f.*	der Mangel
inquit	sagt/sagte (er, sie)
insidiae, -arum *f.* (*Pluralwort*)	der Hinterhalt, die Falle; der Anschlag
instituere, -stituo, -stitui, -stitutum	beginnen; einrichten; unterrichten
institutum, -i *n.*	die Anweisung; der Grundsatz; die Einrichtung
instruere, -struo, -struxi, -structum	einrichten, ausstatten
insula, -ae *f.*	die Insel; der Wohnblock
intellegere, -lego, -lexi, -lectum	verstehen; erkennen, einsehen
inter (*m. Akk.*)	zwischen; unter; während
interficere, -ficio, -feci, -fectum	töten
interitus, -us *m.*	der Untergang
interrogare, -o, -avi, -atum	(be)fragen
intra (*m. Akk.*)	innerhalb
invenire, -venio, -veni, -ventum	(er)finden
invitare, -o, -avi, -atum	einladen
invitus, -a, -um	unwillig, gegen den Willen
ipse, ipsa, ipsum	selbst, persönlich; gerade; schon
ira, -ae *f.*	der Zorn, die Wut
ire, eo, ii, itum	gehen
is, ea, id	er, sie, es; dieser, diese, dieses; der(jenige), die(jenige), das(jenige)
iste, ista, istud	dieser, diese, dieses (da); der, die, das (da); dein, euer
ita	so; auf diese Weise
itaque	deshalb, daher
iter, itineris *n.*	der Weg; die Reise; der Marsch
iubēre, iubeo, iussi, iussum (*m. Akk.*)	(*jmdm.*) befehlen, (*jmdn.*) beauftragen
iudex, iudicis *m.*	der Richter
iudicare, -o, -avi, -atum	(be)urteilen; richten
iudicium, iudicii *n.*	das Urteil; das Gericht, der Gerichtshof
ius, iuris *n.*	das Recht
iussu	auf Befehl, unter dem Befehl
iustus, -a, -um	gerecht; gebührend, richtig
iuvat	es (er)freut, es ist angenehm
l	
labor, -oris *m.*	die Arbeit; die Anstrengung, die Mühe; das Leid
laborare, -o, -avi, -atum	arbeiten; sich anstrengen; leiden
lacrima, -ae *f.*	die Träne
laetus, -a, -um	froh; fröhlich
latum s. ferre	
laudare, -o, -avi, -atum	preisen; loben
laus, laudis *f.*	das Lob; der Ruhm
legatus, -i *m.*	der Gesandte; der Unterfeldherr
legere, lego, legi, lectum	lesen; sammeln; auswählen
legio, -onis *f.*	die Legion
lex, legis *f.*	das Gesetz; die Bedingung
libens; *Gen.* libentis	gern; (bereit)willig
liber, libera, liberum	frei; unabhängig
liber, libri *m.*	das Buch
liberare, -o, -avi, -atum	befreien
liberi, liberorum *m.* (*Pluralwort*)	die Kinder
libertas, -tatis *f.*	die Freiheit
licēre/licet, licuit (*m. Dat.*)	es ist möglich; es ist erlaubt, (*jmd.*) darf
lingua, -ae *f.*	die Sprache; die Zunge
litterae, -arum *f.*	der Brief; die Wissenschaften; die Literatur; *Sg.* der Buchstabe
locus, -i *m.*	der Ort
longus, -a, -um	lang, weit; lang andauernd
loqui, loquor, locutus sum	reden, sprechen

ludere, ludo, lusi, lusum	spielen, scherzen
lux, lucis *f.*	das (Tages-)Licht

m

magis	mehr
magister, magistri *m.*	der Lehrer
magnitudo, -dinis *f.*	die Größe
magnus, -a, -um	groß(artig); bedeutend
maior, maior, maius (*Komparativ zu* magnus)	der größere, größer
mandare, -o, -avi, -atum	auftragen; übergeben, anvertrauen
manēre, maneo, mansi, –	bleiben; erwarten
manus, -us *f.*	die Hand; die Schar
mare, maris *n.*; *Abl. Sg.* mari, *Nom./Akk. Pl.* maria, *Gen. Pl.* marium	das Meer
mater, matris *f.*	die Mutter
maximus, -a, -um	der größte, sehr groß
me, mecum s. ego	
medius, -a, -um	der mittlere; in der Mitte (von)
melior, melior, melius (*Komparativ zu* bonus)	der bessere, besser
memoria, -ae *f.*	die Erinnerung; das Gedächtnis; die Zeit
mens, mentis *f.*; *Gen. Pl.* mentium	der Geist; das Bewusstsein; die Denkweise; das Gemüt
mensis, mensis *m.*; *Gen. Pl.* mens(i)um	der Monat
metuere, metuo, metui, –	sich fürchten; befürchten
metus, -us *m.*	die Angst, die Furcht
meus, -a, -um	mein
mihi s. ego	
miles, militis *m.*	der Soldat
minor, minor, minus (*Komparativ zu* parvus)	der kleinere, kleiner
mirari, -or, -atus sum	(be)wundern
mirus, -a, -um	wunderbar; erstaunlich
miser, misera, miserum	elend, unglücklich, armselig
misericordia, -ae *f.*	das Mitleid, die Barmherzigkeit
mittere, mitto, misi, missum	schicken; gehen lassen; werfen
modus, -i *m.*	die Art, die Weise; das Maß
moenia, moenium *n.* (*Pluralwort*)	die (Stadt-)Mauer
monēre, -eo, -ui, -itum	erinnern; mahnen, auffordern
mons, montis *m.*; *Gen. Pl.* montium	der Berg
monstrum, -i *n.*	das Ungeheuer
mori, morior, mortuus sum	sterben
mors, mortis *f.*; *Gen. Pl.* mortium	der Tod
mortuus, -a, -um	tot; gestorben
mos, moris *m.*	die Art; die Sitte, der Brauch
movēre, moveo, movi, motum	bewegen; beeinflussen
mox	bald (darauf)
mulier, mulíeris *f.*	die Frau
multi, multae, multa/multum	viele; zahlreich/viel
multitudo, -dinis *f.*	die große Anzahl, die Menge
munire, -io, -ivi, -itum	befestigen
munus, muneris *n.*	das Amt, die Aufgabe; das Geschenk
mutare, -o, -avi, -atum	(ver)ändern; verwandeln

n

narrare, -o, -avi, -atum	erzählen, berichten
natio, -onis *f.*	das Volk, der (Volks-)Stamm
natura, -ae *f.*	die Beschaffenheit, die Natur; das Wesen
natus, -a, -um	geboren
nauta, -ae *m.*	der Seemann; der Matrose
navigare, -o, -avi, -atum	segeln; mit dem Schiff fahren
navis, navis *f.*; *Gen. Pl.* navium	das Schiff
ne (*m. Konj.*)	dass/damit nicht; (*nach Ausdrücken des Fürchtens*) dass
-ne?	*Fragesignal (wird nicht übersetzt)*
nec/neque	und ... nicht; auch ... nicht; aber ... nicht
necare, -o, -avi, -atum	töten
negare, -o, -avi, -atum	leugnen; ablehnen, verweigern
nemo; *Dat.* nemini, *Akk.* neminem	niemand
neque/nec	und ... nicht; auch ... nicht; aber ... nicht
nescire, -scio, -scivi, –	nicht wissen, nicht verstehen
nihil	nichts
nisi	wenn nicht; außer
nobilis, nobilis, nobile	berühmt; vornehm; adlig
noctu	nachts, in der Nacht
nolle, nolo, nolui, –	nicht wollen
nomen, nominis *n.*	der Name; der Begriff
non	nicht
nonne?	denn nicht? etwa nicht?
nos	*Nom.* wir; *Akk.* uns
noster, nostra, nostrum	unser
novem	neun
novus, -a, -um	neu; neuartig
nox, noctis *f.*; *Gen. Pl.* noctium	die Nacht
nullus, -a, -um; *Gen.* nullius, *Dat.* nulli	kein
num	(*indir. Frage*) ob
num?	etwa?
numerus, -i *m.*	die Zahl, die Menge
nunc	nun; jetzt
nuntiare, -o, -avi, -atum	melden
nuntius, nuntii *m.*	der Bote; die Botschaft
nuper	vor kurzem; neulich

o

obire, -eo, -ii, -itum	begegnen; sterben
observare , -o, -avi, -atum	beobachten, beachten
obses, obsidis *m./f.*	die Geisel
obsidēre, -sideo, -sedi, -sessum	belagern; bedrängen
occidere, -cido, -cidi, -cisum	niederschlagen; töten
occultare, -o, -avi, -atum	verbergen
occupare, -o, -avi, -atum	besetzen
oculus, -i *m.*	das Auge
odisse, odi, –	hassen
officium, officii *n.*	der Dienst; die Pflicht
omnis, omnis, omne	jeder; ganz; *Pl.* alle
opera, -ae *f.*	die Arbeit; die Tätigkeit; die Mühe
oportēre/oportet, oportuit	es ist nötig/gehört sich; man darf

oppidum, -i *n.*	die (*befestigte*) Stadt
oppugnare, -o, -avi, -atum	angreifen; bestürmen
ops, opis *f.*	die Hilfe; die Kraft; *Pl.* die Macht, der Einfluss; der Reichtum
optimus, -a, -um	der beste; sehr gut
opus, operis *n.*	das Werk, die Arbeit
orare, -o, -avi, -atum	beten; bitten
oratio, -onis *f.*	die Rede
orator, -oris *m.*	der Redner
orbis, orbis *m.; Gen. Pl.* orbium	der (Erd-)Kreis
ordo, ordinis *m.*	die Reihe; der Rang
oriri, orior, ortus sum	entstehen; sich erheben

p

pacare, -o, -avi, -atum	unterwerfen
palam (*Adv.*)	offen, vor aller Augen
parare, -o, -avi, -atum	(vor-, zu)bereiten; (*m. Inf.*) vorhaben
paratus, -a, -um	bereit
parcere, parco, peperci, – (*m. Dat.*)	(*jmdn.*) schonen
parens, -ntis *m./f.; Pl.* parentes, parent(i)um *m.*	der Erzeuger, Vater/Mutter; die Eltern
pars, partis *f.; Gen. Pl.* partium	der Teil; die Seite, die Richtung
parvus, -a, -um	klein
pater, patris *m.*	der Vater
pati, patior, passus sum	(er)leiden, ertragen; zulassen, geschehen lassen
patres, patrum (conscripti) *m.*	die Patrizier; die Senatoren
patria, -ae *f.*	das Vaterland, die Heimat
pauci, paucae, pauca	(nur) wenige
paulisper (*Adv.*)	für kurze Zeit
pauper; *Gen.* pauperis	arm
paupertas, -tatis *f.*	die Armut
pax, pacis *f.*	der Frieden
pecunia, -ae *f.*	das Geld, das Vermögen
pellere, pello, pepuli, pulsum	schlagen, stoßen; vertreiben
perducere, -duco, -duxi, -ductum	hinführen; durchführen; verleiten
perferre, -fero, -tuli, -latum	ertragen; (über)bringen
periculum, -i *n.*	die Gefahr
perire, -eo, -ii, -iturus	zugrunde gehen, umkommen
permovēre, -moveo, -movi, -motum	beunruhigen; veranlassen
permulti, -ae, -a	sehr viele
pernicies, perniciei *f.*	die Vernichtung; das Verderben
perpetuus, -a, -um	dauerhaft, ewig
perterrēre, -eo, -ui, -itum	einschüchtern; heftig erschrecken
pertimescere, -timesco, -timui, –	in große Furcht geraten, (sich) sehr fürchten (vor)
pertinēre, -tineo, -tenui, -tentum	sich erstrecken, sich beziehen auf
perturbare, -o, -avi, -atum	(völlig) verwirren; beunruhigen
pervenire, -venio, -veni, -ventum	hinkommen, ankommen; (hin)gelangen
pes, pedis *m.*	der Fuß
pessimus, -a, -um	der schlechteste, der schlimmste
pestis, pestis *f.*	die Seuche; das Unheil
petere, peto, petivi, petitum	bitten, verlangen; angreifen; aufsuchen; gehen/fahren nach
philosophus, -i *m.*	der Philosoph
pirata, -ae *m.*	der Pirat, der Seeräuber
placēre, -eo, -ui, –	gefallen; Spaß machen
plebs, plebis *f.*	das (*einfache*) Volk
plenus, -a, -um	voll
plurimi, plurimae, plurima	die meisten, sehr viele
poena, -ae *f.*	die Strafe
pollicēri, polliceor, pollicitus sum	versprechen
ponere, pono, posui, positum	setzen; stellen; legen
pons, pontis *m.*; *Gen. Pl.* pontium	die Brücke
populus, -i *m.*	das Volk; das Publikum
porta, -ae *f.*	das Tor, die Tür
posse, possum, potui, –	können
post (*m. Akk.*)	nach; hinter
postea	später; nachher
posterus, -a, -um	(nach)folgend
postquam (*m. Ind. Perf.*)	nachdem
postulare, -o, -avi, -atum	fordern
potestas, -atis *f.*	die Möglichkeit; die (Amts-) Gewalt; die Macht
praecedere, -cedo, -cessi, -cessum	vorangehen, übertreffen
praecipitare, -o, -avi, -atum	stürzen; stoßen; (sich kopfüber) hinabstürzen
praeda, -ae *f.*	die Beute
praesidium, praesidii *n.*	der Schutz; *Pl.* die Schutztruppe
praeterire, -eo, -ii, -itum	vorbeigehen, vergehen
premere, premo, pressi, pressum	(unter)drücken; bedrängen
primus, -a, -um	der erste
princeps, principis *m.*	der Angesehenste, der führende Mann, der Herrscher
principium, principii *n.*	der Anfang
priusquam	bevor; (*nach verneintem Satz*) bevor nicht
privatus, -a, -um	persönlich; privat
pro (*m. Abl.*)	vor; für; anstelle (von)
procul	von weitem; in der Ferne, weit weg
prodere, -do, -didi, -ditum	verraten
proelium, proelii *n.*	der Kampf; die Schlacht
proficisci, -ficiscor, -fectus sum	aufbrechen, (ab)reisen; abstammen
prohibēre, -hibeo, -hibui, -hibitum	abhalten, hindern
promittere, -mitto, -misi, -missum	versprechen
providēre, -video, -vidi, -visum	vorhersehen, Vorsorge treffen
provincia, -ae *f.*	die Provinz; der Amtsbereich
proximus, -a, -um	der nächste; der letzte
prudens, *Gen.* prudentis	klug; sachverständig
publicus, -a, -um	öffentlich, staatlich
puer, pueri *m.*	der Junge
pugnare, -o, -avi, -atum	kämpfen
pulcher, pulchra, pulchrum	schön
pulsum s. pellere	
putare, -o, -avi, -atum	glauben, meinen; (*m. doppeltem Akk.*) halten für

q

quaerere, quaero, quaesivi, quaesitum	suchen; erwerben; fragen
qualis, qualis, quale	wie (beschaffen), was für ein
quam	1. *nach Komparativ* als; *vor Superlativ* möglichst 2. wie; wie sehr
quamquam	obwohl, obgleich
quando?	wann?
quare?	weshalb? wodurch?
-que (*angehängt*)	und
quemadmodum	wie, auf welche Weise
qui, quae, quod	der, die, das; wer, was
qui, quae, quod?	welcher, welche, welches?
quia	weil
quidam, quaedam, quoddam	ein (gewisser); *Pl.* einige, etliche
quis?/quid?	wer?/was?
quo?	wohin?
quod (*Subjunktion*)	weil
quomodo	wie, auf welche Weise
quoniam	da ... ja, wo ... doch

r

rapere, rapio, rapui, raptum	(an sich, weg)reißen; rauben
ratio, -onis *f.*	die Art und Weise, der Weg; die Vernunft; der (*vernünftige*) Grund
(se) recipere, -cipio, -cepi, -ceptum	aufnehmen; zurücknehmen; (sich zurückziehen)
rectus, -a, -um	gerade, direkt; richtig
reddere, -do, -didi, -ditum	zurückgeben; machen zu
redire, -eo, -ii, -itum	zurückgehen, zurückkehren
reducere, -duco, -duxi, -ductum	zurückführen; zurückbringen
referre, -fero, rettuli, relatum	(zurück)bringen; berichten
regio, -onis *f.*	das Gebiet, die Gegend
religiosus, -a, -um	heilig, ehrwürdig
relinquere, -linquo, -liqui, -lictum	zurücklassen, verlassen
reliquus, -a, -um	übrig; künftig
reperire, reperio, repperi, repertum	finden, wieder finden
reprimere, -primo, -pressi, -pressum	zurückdrängen
res, rei *f.*	die Sache; das Ereignis
resistere, -sisto, -stiti, –	Widerstand leisten
respondēre, -spondeo, -spondi, -sponsum	antworten, entgegnen
reus, rei *m.*	der Angeklagte
reverti, -vertor, -verti, -versus	zurückkehren
rex, regis *m.*	der König
ridēre, rideo, risi, risum	lachen
ripa, -ae *f.*	das Ufer
rogare, -o, -avi, -atum	fragen; bitten
rostra, rostrorum *n.* (*Pluralwort*)	die Rostra (die Rednertribüne)
rursus	wieder

s

sacer, sacra, sacrum	heilig, geweiht
sacerdos, -dotis *m./f.*	der/die Priester(in)
saepe	oft
salus, -utis *f.*	die Rettung; das Wohl, die Gesundheit; (*in Verbindung m.* dicere) der Gruß
salve!/salvete!	sei/seid gegrüßt! hallo!
salvus, -a, -um	wohlbehalten, gesund
sapiens, *Gen.* sapientis	weise; vernünftig
sapientia, -ae *f.*	die Weisheit; der Verstand
scelus, sceleris *n.*	das Verbrechen
scire, scio, scivi, –	wissen, verstehen
scribere, scribo, scripsi, scriptum	schreiben, verfassen
se (*Akk.*), sibi (*Dat.*), secum (*Abl.*)	sich/sich/mit sich, bei sich
sed	aber, (je)doch; sondern
sedēre, sedeo, sedi, sessum	(da)sitzen
semper	immer
senator, -oris *m.*	der Senator
senatus, -us *m.*	der Senat; die Senatsversammlung
senex, senis *m.*	der alte Mann, der Greis
sententia, -ae *f.*	die Meinung, die Ansicht
sentire, sentio, sensi, sensum	fühlen; merken; meinen
sequi, sequor, secutus sum (*m. Akk.*)	(*jmdm.*) folgen
serva, -ae *f.*	die Sklavin, die Dienerin
servare, -o, -avi, -atum	retten, bewahren
servitus, -tutis *f.*	die Sklaverei; die Knechtschaft
servus, -i *m.*	der Sklave, der Diener
sex	sechs
si	wenn; falls
sic	so, auf diese Weise
signum, -i *n.*	das Zeichen; das Merkmal
silva, -ae *f.*	der Wald
similis, similis, simile	ähnlich
simulacrum, -i *n.*	das Bild
sine (*m. Abl.*)	ohne
sinister, sinistra, sinistrum	links; *Subst.* die linke Hand; die linke Seite
situs, -a, -um	gelegen, befindlich
socius, socii *m.*	der Gefährte; der Verbündete
sol, solis *m.*	die Sonne
solēre, soleo, solitus sum	gewohnt sein, (*etw.*) normalerweise (*tun*), (*etw. zu tun*) pflegen
solum (*Adv.*)	nur
solus, -a, -um; *Gen.* solius, *Dat.* soli	allein; bloß
soror, -oris *f.*	die Schwester
sors, sortis *f.*; *Gen. Pl.* sortium	das Schicksal, das Los
spectaculum, -i *n.*	das Schauspiel; die Veranstaltung; die Vorführung
spectare, -o, -avi, -atum	(an)schauen; betrachten
sperare, -o, -avi, -atum	(er)hoffen; erwarten
spes, spei *f.*	die Hoffnung, die Erwartung
stare, sto, steti, statum	(da)stehen
statim	sofort, auf der Stelle
statua, -ae *f.*	die Statue
statuere, statuo, statui, statutum	beschließen, entscheiden; aufstellen; festsetzen
studēre, -eo, -ui, – (*m. Dat.*)	sich bemühen (*um*); wollen; sich bilden

studium, studii *n.*	der Eifer, die Bemühung
stultus, -a, -um	dumm, einfältig; *Subst.* der Dummkopf
subito	plötzlich
sumere, sumo, sumpsi, sumptum	nehmen
summus, -a, -um	der höchste, der oberste, der äußerste
superare, -o, -avi, -atum	(be)siegen; übertreffen
supplicium, supplicii *n.*	die Hinrichtung; die Todesstrafe
sustinēre, -tineo, -tinui, –	aushalten, ertragen
suus, -a, -um	sein; ihr

t

tabula, -ae *f.*	das Gemälde; die Tafel; die Aufzeichnung
tacēre, -eo, -ui, –	schweigen, still sein
tam	so
tamen	dennoch, trotzdem
tandem	endlich, schließlich
tangere, tango, tétigi, tactum	berühren
tantus, -a, -um	so groß, so viel
te, tecum s. tu	
tempestas, -atis *f.*	der Sturm; das (schlechte) Wetter
templum, -i *n.*	der Tempel
tempus, temporis *n.*	die Zeit; der Zeitpunkt
tenēre, -eo, -ui, –	(zurück)halten; sich erinnern
terra, -ae *f.*	die Erde; das Land
tertius, -a, -um	der dritte
thermae, -arum *f. Pl.*	die Thermen
tibi s. tu	
timēre, -eo, -ui, –	(sich) fürchten, Angst haben (vor)
timor, -oris *m.*	die Angst, die Furcht
tollere, tollo, sústuli, sublatum	hochheben; aufheben, beseitigen; vernichten
tot (*indekl.*)	so viele
totus, -a, -um; *Gen.* totius, *Dat.* toti	ganz
tradere, -do, -didi, -ditum	übergeben, überliefern
trahere, traho, traxi, tractum	ziehen; schleppen
transire, -eo, -ii, -itum	hinübergehen, herüberkommen; überschreiten
tristis, tristis, triste	traurig; unerfreulich
tu/te	du/dich
tuli s. ferre	
tum	da; dann, darauf; damals
tuus, -a, -um	dein

u

ubi (*m. Ind. Perf.*)	sobald
ubi?	wo?
ullus, -a, -um	irgendein
unde?	woher?
unus, -a, -um; *Gen.* unius, *Dat.* uni	ein; ein einziger
urbs, urbis *f.*; *Gen. Pl.* urbium	die Stadt
usus, -us *m.*	der Gebrauch, der Nutzen; die Erfahrung
ut	wie
ut (*m. Konj.*)	dass, damit; sodass
uti, utor, usus sum (*m. Abl.*)	(*etw.*) benutzen, gebrauchen
utilis, utilis, utile	nützlich; brauchbar
utinam (*m. Konj.*)	hoffentlich; wenn doch (bloß)
uxor, -oris *f.*	die Ehefrau, die Gattin

v

valde	sehr
valēre, -eo, -ui, –	gesund sein; Einfluss haben
vehemēns; *Gen.* vehementis	heftig
velle, volo, volui, –	wollen
velut	wie, wie zum Beispiel
venia, -ae *f.*	Verzeihung; Gnade
venire, venio, veni, ventum	kommen
ver, veris *n.*	der Frühling
verbum, -i *n.*	das Wort
verēri, vereor, veritus sum	fürchten; verehren
versari, -or, -atus sum	sich aufhalten, leben; sich beschäftigen
verus, -a, -um	wahr, echt
vester, vestra, vestrum	euer
vetus; *Gen.* veteris	alt; ehemalig; erfahren
via, -ae *f.*	der Weg, die Straße
vicinus, -a, -um	benachbart; *Subst.*: der Nachbar
victor, -oris *m.*	der Sieger
victoria, -ae *f.*	der Sieg
vidēre, video, vidi, visum	sehen
vidēri, videor, visus sum	(*etw. zu tun*) scheinen
vigilare, -o, -avi, -atum	wachen
villa, -ae *f.*	das (Land-)Haus; das Landgut
vincere, vinco, vici, victum	(be)siegen; übertreffen
vir, viri *m.*	der Mann
virgo, virginis *f.*	die junge (*unverheiratete*) Frau; die Jungfrau
virtus, -tutis *f.*	die Tüchtigkeit; die Tapferkeit; die Tugend; *Pl. auch* gute Eigenschaften
vis, *Akk.* vim, *Abl.* vi *f.*; *Pl.* vires, virium	die Gewalt; die Kraft; die Menge; *Pl. auch* (Streit-)Kräfte
vita, -ae *f.*	das Leben
vivere, vivo, vixi, victurus	leben
vivus, -a, -um	lebendig; zu Lebzeiten
vocare, -o, -avi, -atum	rufen; nennen
voluptas, -tatis *f.*	das Vergnügen, der Spaß; die Lust
volvere, volvo, volvi, volutum	rollen, wälzen; überlegen
vos	*Nom.* ihr; *Akk.* euch
vultur, -uris *m.*	der Geier
vultus, -us *m.*	das Gesicht, der Gesichtsausdruck

AcI – Abkürzung für „Accusativus cum Infinitivo“, eine typische Konstruktion im Lateinischen.

Ablativ – 5. Fall, gibt es im Deutschen nicht. Bei der Übersetzung wird eine Präposition ergänzt.

Ablativus absolutus (Abl. abs.) – Eine typisch lateinische Partizip-Konstruktion: Ein Partizip und ein Nomen stehen im Ablativ. Der Abl. abs. stellt innerhalb des Satzes ein Adverbiale dar. Im Deutschen wird diese Konstruktion mit einem Hauptsatz, einem Gliedsatz oder einer präpositionalen Wendung wiedergegeben.

Aktiv – Handlungsart beim Verb („Genus verbi“). Drückt aus, dass ein Subjekt eine Handlung ausführt, z. B.: *Er füttert den Hund.* → Gegenteil: Passiv.

Deklination(en) (die D., deklinieren) – In einer Deklination sind Substantive zu einer Gruppe zusammengefasst, die alle die gleichen Endungen (Signalteile) verwenden. Es gibt die a-, o-, Konsonantische, e- und u-Deklination.

Demonstrativ-Pronomen – „Zeigewort“; weist auf etwas hin, z. B. *dieser, dieses Haus, jene, in jenen Zeiten, er selbst.*

Deliberativ – Konjunktiv im Hauptsatz, der einen Zweifel ausdrückt, z. B. **Quo eamus?** → *Wohin sollen wir gehen?*

Deponens (das D., Pl. die Deponentien) – Verb, das nur passive Formen bildet, die aber aktiv übersetzt werden, aggressi sunt – sie haben angegriffen.

Elativ – Die höchste Steigerungsform bei Adjektiven drückt im Lateinischen oft lediglich ein besonderes Maß und nicht unbedingt den höchsten Grad aus. Übersetzung mit *sehr* o. ä.

Futur I – eine Zeit (ein Tempus), zur Angabe von Handlungen in der Zukunft, z. B. *ich werde verreisen.*

Futur II – eine Zeit (ein Tempus) zur Angabe von vollendeten Handlungen in der Zukunft, z. B. *Dann werde ich verreist sein.*

Genus (das G., Pl. die Genera) – „Geschlecht“ eines Substantivs: maskulinum, femininum oder neutrum, z. B. im Deutschen: *die Sonne* – femininum; im Lateinischen: **donum** – neutrum.

Gerundium – Das lateinische Gerundium entspricht dem substantivierten, deklinierten Infinitiv im Deutschen. Es ist an dem Merkmal **-nd-** erkennbar und hat als Kasuszeichen die Endungen der o-Dekl. Sg.

Gerundivum – Das lateinische Gerundivum ist ein vom Verb gebildetes Adjektiv. Es kongruiert wie ein Adjektiv der a- und o-Dekl. mit einem Bezugswort. Das Gerundivum-V drückt einen Vorgang aus (Übersetzung meist mit *zu* oder *um zu*), das Gerundivum-N steht immer zusammen mit einer Form von esse und drückt eine Notwendigkeit aus (Übersetzung mit *müssen*).

Gleichzeitigkeit (Abk.: GZ), gleichzeitig – bedeutet, dass zwei Handlungen oder Ereignisse zur gleichen Zeit stattfinden.

Gliedsatz (Abk.: GS) – Nebensatz. Ein Gliedsatz ist einem Hauptsatz zugeordnet und gibt eine Information dazu an. Er wird durch eine Subjunktion eingeleitet, an der man die Sinnrichtung erkennt, z. B.: temporal (**dum, cum**), kausal (**quod**), konzessiv (**quamquam**).

Hortativ – Konjunktiv im Hauptsatz, der eine Aufforderung an die 1. P. ausdrückt, z. B. **Eamus!** – *Lasst uns gehen!*

Imperativ – Verbform. Befehlsform, z. B. im Deutschen: *Hör! Seht!* – im Lateinischen: **audi! videte!**

Imperfekt – eine Zeit (ein Tempus) zur Angabe von Handlungen in der Vergangenheit, z. B. *sie hörten.*

Indikativ – Ein Modus des Verbs; „Wirklichkeitsform“.

Infinitiv – die Grundform des Verbs, z. B. Inf. Präsens Aktiv: **tacere** – *schweigen*, Inf. Präsens Passiv: **amari** – *geliebt werden*, Inf. Perfekt Aktiv: **rogavisse** – *gefragt haben*, Inf. Perfekt Passiv: **missum esse** – *geschickt worden sein*, Inf. Fut. Aktiv: **venturum esse** – *kommen werden.*

Interrogativ-Pronomen – „Frage-Fürwort“. Es gibt substantivische Interrogativ-Pronomina, z. B. *Wer? Wem?* und adjektivische Interrogativ-Pronomina, z. B. *Welches Wort? In welchem Jahr?*

Irrealis – „Unwirklichkeit“, „Unmöglichkeit“. Drückt aus, dass eine Handlung geschehen könnte oder hätte geschehen können, dass diese aber nicht eintritt oder eingetreten ist, z. B.: *Wenn ich Zeit gehabt hätte, wäre ich zu dir gekommen. (Ich hatte keine Zeit, ich bin nicht gekommen.)*

Iussiv – Konjunktiv im Hauptsatz, der eine Aufforderung ausdrückt, z. B. **Puer dormiat!** – *Der Junge möge/soll schlafen!*

Kasus (der K., Pl. die Kasus) – der Fall (Pl. die Fälle): Nominativ, Genitiv, Dativ, Akkusativ, Ablativ.

KNG-Kongruenz (die K., kongruieren)
„Übereinstimmung" in Kasus, Numerus und Genus, z. B. bei Adjektiven, die zu Substantiven gehören: **multi homines**.

Komparativ
Vergleichsform. Steigerung des Adjektivs, erkennbar an **-ior-** oder **-ius**, z. B. **altior** – *höher.*

Kompositum
Ein Verb, das aus einem Simplex und einem Präfix besteht, z. B. **com-ponere**.

Konstruktion
Unter Konstruktion versteht man typische „Satzbauelemente" im Lateinischen, die eine Informationseinheit darstellen. Bei der Übersetzung ist eine wörtliche Wiedergabe in der Regel nicht möglich. Solche Konstruktionen sind AcI, NcI, Participium coniunctum, Ablativus absolutus, Gerundivum-V, Gerundivum-N.

Konditionalsatz
Bedingungssatz. Steht in einem Satzgefüge mit dem Folgesatz und gibt die „Bedingung" für diesen an. Eingeleitet mit Subjunktionen wie *wenn, falls*; z. B.: *Wenn du alles durchliest* (Konditionalsatz), *verstehst du es* (Folgesatz).

Konjugation(en) (die K., konjugieren)
In einer Konjugation sind Verben zu einer Gruppe zusammengefasst, die die verschiedenen Formen alle in derselben Weise bilden. Es gibt die a-, e- , i-, Konsonantische und Kurzvokalische i-Konjugation.

Konjunktion
beiordnendes Bindewort; verbindet Wörter oder Sätze, z. B. *und, sondern.*

Konjunktiv
Ein Modus des Verbs; „Möglichkeitsform". Im Deutschen gibt es Konjunktiv I (z. B. *sie rufe*) und Konjunktiv II (z. B. *sie riefe*). Im Lateinischen wird der Konjunktiv überwiegend anders als im Deutschen verwendet: In vielen Gliedsätzen, die mit cum (*als, weil, obwohl*) oder ut/ne (*dass, damit/damit nicht*) eingeleitet sind, und in indirekten Fragesätzen steht der Konjunktiv. Bei der Übersetzung richtet man sich nach dem Sprachgebrauch im Deutschen.

konjunktivische Gliedsätze
Gliedsätze, die mit Subjunktionen eingeleitet sind, welche mit Konjunktiv stehen, z. B.: **cum** – *als, weil, obwohl;* **ut/ne** – *dass, damit/damit nicht.*

Modus, (der M., Pl. die Modi); **Modus-Zeichen**
„Aussageweise" des Verbs. Die Modi sind Indikativ („Wirklichkeitsform", z. B. *er läuft*), Konjunktiv („Möglichkeitsform", z. B. *er laufe, er liefe*) und Imperativ („Befehlsform", z. B. *Lauf!*).

Nachzeitigkeit (Abk.: NZ), nachzeitig
bedeutet, dass eine Handlung oder ein Ereignis im Verhältnis zu einer anderen Handlung auf diese folgend bzw. zukünftig durchgeführt werden wird.

NcI
Abkürzung für „Nominativus cum Infinitivo", eine typisch lateinische Konstruktion, ähnlich wie der AcI.

Optativ
Konjunktiv im Hauptsatz, der einen Wunsch ausdrückt, z. B. **Utinam bene dormias!** – *Hoffentlich schläfst du gut!*

Participium coniunctum
Eine typisch lateinische Partizip-Konstruktion. Das Partizip hat ein Bezugswort im gleichen Kasus, Numerus und Genus und stellt innerhalb des Satzes ein Adverbiale dar. Im Deutschen wird diese Konstruktion mit einem Hauptsatz, einem Gliedsatz oder einer präpositionalen Wendung wiedergegeben.

Partizip
„Mittelwort". Verbform, die Eigenschaften eines Nomens hat. Es gibt im Deutschen das Partizip I, z. B. *fragend,* und das Partizip II, z. B. *gefragt.* Im Lateinischen entspricht das Partizip I dem Partizip Präsens Aktiv (PPA), z. B. **rogans**, das Partizip II dem Partizip Perfekt Passiv (PPP), z. B. **rogatus**. Außerdem gibt es im Lateinischen ein Partizip Futur Aktiv (PFA), z. B. **rogaturus** – „fragen werdend".

Partizip-Konstruktion
„Satzbauelement", in dem ein Partizip eine besondere Funktion übernimmt. Es gibt die Konstruktionen Participium coniunctum und Ablativus absolutus.

Passiv
Handlungsart beim Verb („Genus verbi"). Drückt aus, dass eine Handlung (von jemandem) ausgeführt wird, z. B.: *Der Hund wird (von seinem Herrchen) gefüttert.* → Gegenteil: Aktiv.

Perfekt
eine Zeit (Tempus) zur Angabe von Handlungen der Vergangenheit, z. B. *ich bin gegangen, sie hat verstanden.*

Perfektstamm
Bestandteil von Verbformen. Mit dem Perfektstamm werden die Zeiten Perfekt, Plusquamperfekt und Futur II gebildet. Den Perfektstamm eines Verbs erhält man, wenn man von der 1. P. Perfekt das Person-Zeichen abtrennt (z. B. **amavi** → **amav-** ist der Perfektstamm von amare; **fui** → **fu-** ist der Perfektstamm von esse).

Person (Abk.: P.), **Person-Zeichen**
Angabe, wer die Handlung ausführt. Im Deutschen wird die Person durch ein Personal-Pronomen angegeben, im Lateinischen erkennt man die Person am Person-Zeichen am Ende

der Verbform (z. B. vide<u>o</u> – *<u>ich</u> sehe*). Die Person-Zeichen sind: **-o**/**-m**, **-s**, **-t**, **-mus**, **-tis**, **-nt**; Passiv: **-(o)r**, **-ris**, **-tur**, **-mur**, **-mini**, **-ntur**/im Perfekt Aktiv: **-i**, **-isti**, **-it**, **-imus**, **-istis**, **-erunt**.

Personal-Pronomen „Stellvertreterwort" für ein Substantiv oder Namen, z. B. für *die Königin – sie*; für *der König – er.*

Plusquamperfekt eine Zeit (ein Tempus) der Vergangenheit, z. B. *sie war gewesen, du hattest gehört.*

Positiv Grundform des Adjektivs, z. B. **altus** – *hoch.*

Possessiv-Pronomen „besitzanzeigende" Fürwörter, z. B. *mein, dein, euer.*

Potentialis Konjunktiv im Hauptsatz, der eine Möglichkeit ausdrückt, z. B. **Dormiam.** – *Ich könnte schlafen.*

Prädikatsinfinitiv Infinitiv beim AcI, aus dem in der Übersetzung das Prädikat im „dass-Satz" wird.

Präfix Wortbestandteil, der einem Simplex vorne „angeheftet" wird: z. B. **ad-** bei **ad-ducere.**

Präposition Wortart „Verhältniswort". Steht zusammen mit einem Nomen und gibt z. B. den Ort oder die Zeit an (in der Schule, während des Unterrichts). Präpositionen stehen mit einem bestimmten Kasus eines Nomens, z. B. **cum** + Ablativ.

präpositionale Wendung Die Kombination einer Präposition mit einem Substantiv, wobei das Substantiv die Wiedergabe eines Partizips einer lateinischen Partizipialkonstruktion darstellt, z. B. **Caesare interfecto** – *nach der Ermordung Caesars.*

Präsens eine Zeit (ein Tempus) zur Beschreibung von Handlungen in der Gegenwart, z. B. *ich sitze, er hört, sie laufen.*

Präsensstamm Mit dem Präsensstamm werden die Zeiten Präsens, Imperfekt und Futur I gebildet. Den Präsensstamm eines Verbs erhält man, wenn man vom Infinitiv **-re** (bei der Kons. Konj. **-ere**) abtrennt (z. B. **lauda-** = Präsensstamm von **laudare**, **duc** = Präsensstamm von **ducere**).

Präteritum Bezeichnung in der deutschen Grammatik; entspricht in etwa dem lat. Imperfekt.

Reflexiv-Pronomen „rückbezügliche" Fürwörter, d. h. sie beziehen sich auf das Subjekt desselben Satzes (z. B. *sie fragte sich*).

Relativ-Pronomen, Relativsatz, *der, die, das; welcher, welche, welches* – lat. **qui, quae, quod.** Leitet den Relativsatz ein und hat ein Bezugswort im übergeordneten Satz. Mit diesem stimmt es in Numerus und Genus überein. Der Relativsatz gibt eine nähere Bestimmung zum Bezugswort. Er ist als Satzglied ein Attribut (Attributsatz).

Relativischer Satzanschluss Das Relativ-Pronomen verbindet zwei Hauptsätze miteinander und wird mit einem Demonstrativ-Pronomen wiedergegeben.

Satzgefüge Ein Satzgefüge besteht aus einem Hauptsatz und wenigstens einem Gliedsatz.

Semideponens Verben, die ihre Formen teils aktiv, teils passiv bilden, aber immer aktiv übersetzt werden, z. B. **audere, audeo, ausus sum** – *wagen, ich wage, ich habe gewagt.*

Simplex Einfaches Verb ohne ein Präfix: z. B. **ducere.**

Sprechvokal Bei einigen Verbformen ist für eine „leichtere" Aussprache ein zusätzlicher Vokal eingefügt (z. B **audi*u*nt**).

Stamm Bei Verbformen unterscheidet man Präsens- und Perfektstamm. Der Stamm stellt den Bedeutungsteil eines Wortes dar (z. B. **<u>lauda</u>re** – *<u>lob</u>en*).

Stammformen Infinitiv, 1. Sg. Präsens, 1. Sg. Perfekt, Partizip Perfekt Passiv sind die vier Stammformen, z. B. **dicere, dico, dixi, dictum.**

Subjektsakkusativ Akkusativ beim AcI, aus dem in der Übersetzung das Subjekt im „dass-Satz" wird.

Subjunktion unterordnendes Bindewort; leitet einen Gliedsatz ein, z. B. *wenn, als, weil.*

Superlativ Höchstform. Steigerung des Adjektivs, erkennbar an **-issim-**, **-errim- oder -illim-**, z. B. **altissimus** – *der höchste.*

Tempus (das T., Pl. die Tempora), **Tempus-Zeichen** „Zeit". Prädikate stehen in verschiedenen Tempora. Daran wird deutlich, ob eine Handlung schon geschehen ist, gerade geschieht oder erst später geschehen wird. Es gibt Präsens, Imperfekt, Futur I, Perfekt, Plusquamperfekt, Futur II. Das Tempus-Zeichen ist der Signalteil bei einer Verbform, an dem man das Tempus erkennen kann (z.B. **sede<u>ba</u>t**: **ba** → Imperfekt).

Vokativ 6. Fall. „Anredefall". Entspricht außer bei Wörtern auf **-us** und **-ius** dem Nominativ.

Vorzeitigkeit (Abk.: VZ), vorzeitig bedeutet, dass eine Handlung oder ein Ereignis im Verhältnis zu einer anderen Handlung schon vergangen und abgeschlossen ist.